本科非金融类专业和专科财会类专业主干课程教材

财务管理学实训

瞿云华　陈　岩　编著

中国财富出版社有限公司

图书在版编目（CIP）数据

财务管理学实训 / 瞿云华，陈岩编著. — 北京：中国财富出版社有限公司，2023.5（2023.8 重印）

（本科非金融类专业和专科财会类专业主干课程教材）

ISBN 978-7-5047-7939-7

Ⅰ.①财… Ⅱ.①瞿… ②陈… Ⅲ.①财务管理—高等学校—教材 Ⅳ.①F275

中国国家版本馆CIP数据核字(2023)第092361号

策划编辑	李彩琴	责任编辑	张红燕 张 婷	版权编辑	李 洋
责任印制	梁 凡	责任校对	张营营	责任发行	董 倩

出版发行	中国财富出版社有限公司		
社　址	北京市丰台区南四环西路188号5区20楼	邮政编码	100070
电　话	010-52227588 转 2098（发行部）		010-52227588 转 321（总编室）
	010-52227566（24小时读者服务）		010-52227588 转 305（质检部）
网　址	http://www.cfpress.com.cn	排　版	宝蕾元
经　销	新华书店	印　刷	宝蕾元仁浩（天津）印刷有限公司
书　号	ISBN 978-7-5047-7939-7/F·3559		
开　本	787mm×1092mm 1/16	版　次	2023年7月第1版
印　张	11.5	印　次	2023年8月第2次印刷
字　数	238千字	定　价	49.80元

前　言

随着人工智能的普及，财务机器人产品的应用越来越广泛。财务机器人有深度学习、精准可靠、高效低耗和快速反应等优势，其出现必将进一步简化企业的管理流程、降低管理成本；但同时也给财务行业带来巨大挑战，基层会计将面临失业或转岗再就业的压力。财务管理课程面临着前所未有的机遇和挑战。说是机遇，是因为财务管理课程的特殊性质决定其不能被机器人完全取代，必须以人工为指导。说是挑战，是因为长久以来在财务管理课程的学习和教学过程中，教材的内容大多是公式的罗列和套用，亟须进行与时俱进的改变。

一直以来，与财务管理相关的考试还是围绕着公式的简单套用，虽然学习完成，考试成绩优异，但学生仍不了解现实中的财务管理工作是怎样的，以及如何将课本知识与现实工作融合。笔者走访了一部分企业，与相关的财务人员进行沟通，发现财务管理工作其实大多并未落在实处。为解决这些问题，笔者编写了本书。

本书每一章都会以一家上市公司作为案例，并给出数据，让学生结合公司的实际情况进行分析，深入浅出。这样学生能够更加直观地进行学习，课后还能进行拓展学习，为今后的工作和深造打下较为坚实的基础。

笔者在多年的教学过程中了解到，学生学习财务管理课程没有明确的目标，课堂上听得云里雾里，考试前临时抱佛脚，一直是恶性循环。依据财务管理的应用性和高职高专学生的特性，笔者想要做出一本使学生在学习时能明确学习的内容如何应用、能够带动学生学习兴趣的书，使学生能够主动地接受这门课程，一学期的课程结束后学生能够说出本课程的框架，至于他们是否能做出公式的数学推导并不重要。学生在学习这本书时，仿佛进入企业的财务工作之中，真正参与到课程之中，形成良性循环，营造快乐的学习氛围。

结合案例，学生能够学习到企业的筹资管理、营运资金管理、投资管理、利润分配管理、企业财务分析评价等知识，课上进行公司案例讨论，课下进行公司调研。

当然，由于财务管理的多变性和灵活性，本书在一些知识的分析上设定了假设前提，有一定的简化操作，学生在完成学习后，切勿将所有理论进行生搬硬套。但这也是财务管理的优势和魅力所在，正由于它的多变性，才促使我们进行更多的探索，这又何尝不是乐趣所在呢?

瞿云华　陈岩

2022年5月

目　录 Contents

第一章　财务管理概论

第一节　财务管理的定义

实训目标

知识教学目标

理解财务管理的定义、作用

能力培养目标

培养学生的财务管理理念

思想教育目标

认识到企业财务管理的重要性，重视学习财务管理，为今后的学习和工作打下坚实基础。加强学生的风险意识，引导学生具备大局思维和创新思维

案例引入

暴风集团“零高管”事件①

20×9年7月28日，暴风集团发布公告称，公司实际控制人冯鑫因涉嫌犯罪被公安机关采取强制措施，相关事项尚待公安机关进一步调查。7月29日，暴风集团开盘跌停，股价报5.67元，市值18.68亿元。据媒体报道，冯鑫被抓或与20×6年暴风集团与光大资本合作的“MPS收购案”有关，冯鑫在此项目的融资过程中可能存在行贿行为。

暴风集团历经投资爆雷、公司裁员、股票跌停、创始人入狱，并面临退市风险。

① 周科竞．暴风集团“零高管”、股价连创新低 还有投资价值吗 [EB/OL]. http://finance.china.com.cn/stock/20191106/5115416.shtml，2019-11-06.

10月31日，深交所向暴风集团下发关注函称，除已被批准逮捕的总经理冯鑫外，暴风集团的高级管理人员已全部辞职，协助信息披露事务的证券事务代表也已辞职。对此，深交所责令暴风集团尽快找人，以确保公司经营稳定，能够及时履行信息披露义务。“零高管”事件令人唏嘘。

请思考暴风集团在财务管理方面存在哪些问题？财务管理在企业经营中有哪些作用？

知识准备

一、财务管理的定义

财务管理就是企业在生产过程中组织各项财务活动，处理与各方面财务关系的一项经济管理工作。简单来说，财务管理就是组织企业财务活动，处理企业财务关系。

公司财务活动是以现金收支为主的资金收支活动的总称。这些财务活动构成了财务管理的内容，包括筹资、投资、经营及分配等一系列行为，如图1–1所示。

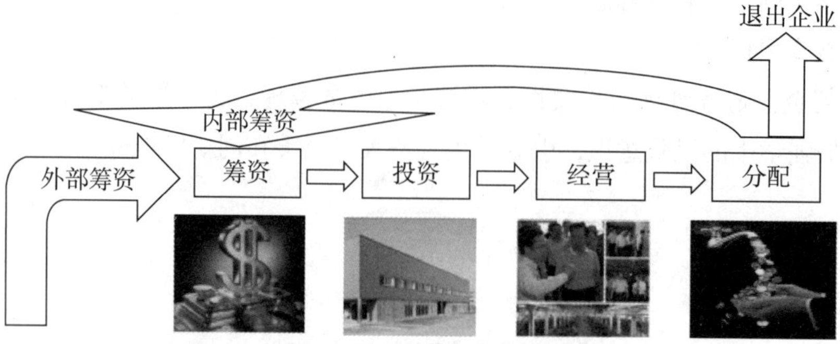

图1–1 财务活动各行为关系

财务关系是企业在组织财务活动的过程中与有关各方面发生的经济利益关系，包括以下各个方面，如图1–2所示。

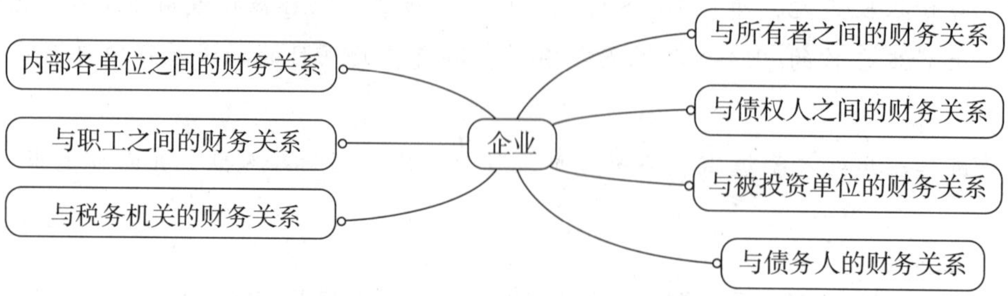

图1–2 企业与有关各方面的财务关系

暴风集团在筹资过程中出现违规操作，且投资失利，继而财务管理活动出现重大问题，加上未能处理好其与所有者之间的财务关系、与职工之间的财务关系等，造成分配不均、大范围的裁员和辞职，才会出现“零高管”这一怪象。

二、财务管理的作用

财务管理在企业管理中具有合理管理企业资金的运作、为企业建立科学的运行机制，以及为企业实施全面的预算管理的作用。财务管理是组织企业财务活动，处理财务关系的一项经济管理工作，是在一定的整体目标下，关于资产的购置（投资）、资本的融通（筹资）和经营中现金流量（营运资金）以及利润分配的管理。财务管理在企业管理中的作用具体包括如下三个方面。

（一）合理管理企业资金的运作

企业管理要树立低价少储的观念，使储备的物资既要满足生产的需要，又要节约占用资金；要抓好固定资产的管理，避免资产的闲置与流失，同时盘活闲置资产，使其保值增值，给企业带来效益；重视企业的无形资产，企业的形象与信誉是给企业带来效益的重要保障；要树立极强的经济意识，通过有效的财务管理，让企业的资产流动性更强。

（二）为企业建立科学的运行机制

财务管理是一个循环过程，包括财务预测、财务计划、财务控制、财务分析、财务检查五个环节。这些管理环节互相配合，紧密联系，形成财务管理的循环过程，构成完整的财务管理工作体系，为企业管理提供科学、有效的支持。

（三）为企业实施全面的预算管理

以实行全面预算管理为纽带，严格控制各项支出。实行严格、全面的预算管理是规范企业财务行为、控制成本费用、减少损失和浪费的重要手段。应把预算管理延伸到企业经济管理活动的各个环节。

党的二十大报告明确提出必须坚持守正创新。财务管理工作是单位内部管理的一项重要组成内容，是单位良性发展的重要基础和保障。我们要以党的二十大精神为指引，坚持守正创新，使财务管理工作更加精细，财务保障更加有力，以高质量财务管理助推企业高质量发展。

第二节　财务管理的目标

实训目标

知识教学目标

理解财务管理的目标

能力培养目标

使学生明白财务管理实施的意图

思想教育目标

认识到企业财务管理实施的必要性。引导学生在未来工作中以实干促实效，提升财务服务效能，做到守正创新、砥砺奋发，奋进新征程，建功新时代

案例引入

暴风集团自20×5年上市之后，除营业收入在20×6年和20×7年有所攀升外，其他关键盈利指标均呈下滑趋势。20×8年，暴风集团的净亏损高达10.9亿元。20×9年第一季度，暴风集团净利率为−61.82%，亏损1749万元。

分析暴风集团这一情况，我们可以得出什么结论？如果我们是投资者，是否会选择这样的企业进行投资？

知识准备

随着市场经济体制的逐步完善，财务管理理论不断地丰富和发展。其中，财务管理的目标也在不断推陈出新。到目前为止，先后出现了4种比较有代表性的观点，分别是利润最大化、股东财富最大化、企业价值最大化和相关者利益最大化。

一、利润最大化

一般所讲的利润最大化，就是指反映在企业“利润表”中的税后利润总额的最大化 。利润最大化的观点认为，企业财务管理的目标是利润最大化，这是因为利润代表了企业新创造的财富，利润越高则企业的财富增加得越多，越接近企业的目标。

利润最大化的主要优点：企业追求利润最大化，就必须重视经济核算，加强管理，改进技术，提高劳动生产率，降低产品成本，进而有利于企业资源的合理配置，有利

于企业整体经济效益的提高；直观且易评估，计量简单。

利润最大化也存在一系列的缺点，如图1–3所示。

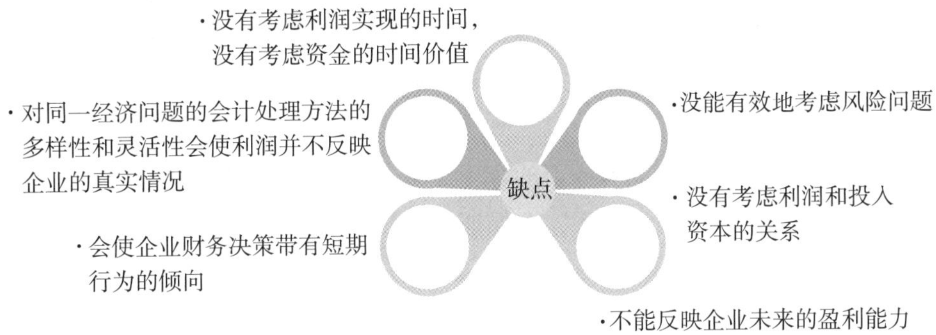

图1–3　利润最大化的缺点

二、股东财富最大化

股东财富是指股东所持有的股票的价值，通常按照股东持有的股份乘以股票的市场价格来确定。即股东财富=股票数量×股票价格。

股东财富最大化是指公司通过合法经营，采取有效的经营和财务策略，使股东财富达到最大化。财务管理目标的衡量标准为“股东财富”，股东财富越多，财务管理水平越高。

暴风集团终究没有逃过“炒得越高，跌得越惨”的命运，暴风集团留给市场的是一地鸡毛。在创出327.01元的高价之后，暴风集团的股价回落，并逐渐下行，最终形成“一江春水向东流”的走势，到20×9年11月9日收盘退市，股价只剩下0.28元。如果没有上市之初的“爆炒”，投资者付出的代价将会小得多。投机炒作带给市场的风险在暴风集团的身上体现到极致。

相比利润最大化目标，股东财富最大化具有如下优点：考虑了风险会影响股价，通常风险越大，股价越低；避免了企业短期行为，股价反映的是企业的长期未来，买股票即为买公司的未来；对上市公司而言，由于股东持股数量和股价两个参数容易获得，故股东财富容易量化，便于考核和奖惩 。

以股东财富最大化作为财务管理目标存在以下缺点：通常只适用于上市公司，非上市公司难于应用（股价不易获得，股东财富难以确定）；股价受众多因素影响，股价不能完全准确反映企业财务管理状况；强调更多的是股东利益，对其他相关者利益的重视不够。

三、企业价值最大化

企业价值最大化是指企业财务管理行为以实现最大化的企业价值为目标。企业价值可以理解为企业股东权益和债权人权益的市场价值，或者是企业所能创造的预计未来现金流量的现值。

企业价值最大化通过企业财务上的合理经营，采用最优的财务政策，充分考虑资金的时间价值和风险与报酬的关系，在保证企业长期稳定发展的基础上使企业总价值达到最大。

以企业价值最大化作为财务目标，具有如下优点：考虑了取得收益的时间，并用时间价值的原理进行了计量；考虑了风险与收益的关系；能克服企业在追求利润上的短期行为；利用具有客观性的价值代替价格，避免了过多外界市场因素的干扰，避免了短期行为。

以企业价值最大化作为财务管理目标存在以下缺点：过于理论化，不易操作；折现计算中，很多参数都需要通过模型计算，非常繁杂；对于非上市公司而言，它的价值只能通过专门评估确定，但在评估时，受到评估标准和评估方法的影响，难免具有主观性。

四、相关者利益最大化

企业的利益相关者不仅包括股东，还包括债权人、企业经营者、客户、供应商、员工、政府等。股东作为企业所有者，拥有最高的权利，但其他利益相关者也为企业承担着风险。因此在确定企业财务管理目标时，不能忽视这些相关利益群体的利益。

以相关者利益最大化作为财务目标，具有如下优点：体现合作共赢理念，有利于实现企业经济效益和社会效益的统一；兼顾各方利益，有利于企业长期稳定发展，实现现实性和前瞻性的统一；这一目标本身是一个多元化、多层次的目标体系，较好地兼顾了各利益主体的利益，可使企业各利益主体相互作用、相互协调。

以相关者利益最大化作为财务管理目标过于理想化，难以完美实施。

目前我国企业的业绩评价在很多情况下还是以利润为基础。利润最大化是最好计量的、最直观的，但也最易被操控。其他三种目标尽管更加优化合理，但限制条件过多，计量困难，所以推广起来很困难。

从暴风集团的资料可以看出，企业的经营成果出现重大问题，亏损严重，投资者从这一直观状况可以判断，该公司必然存在一系列问题，在投资问题上需要谨慎对待。

第三节　财务管理的意义

实训目标

知识教学目标

理解财务管理的意义、方法及手段

能力培养目标

培养学生的财务管理意识及财务分析思维

思想教育目标

认识到企业财务管理的重要性，重视学习财务管理，为今后的学习和工作打下坚实基础

案例引入

暴风集团创始人冯鑫被批准逮捕，在财经圈、互联网圈引起了极大的震动。毕竟，冯鑫创立的暴风集团曾经风光无限。在PC时代，每10台电脑，就有7台安装过一款叫作“暴风影音”的播放软件，用户量可谓极其庞大；暴风集团股指数据显示，暴风集团于2015年3月上市，创下40天36个涨停的纪录，当年5月末股价达到327.01元，相比7.24元的发行价涨了44倍，市值达到400亿元以上。

让人没想到的是，上市是暴风集团的巅峰，也是它陨落的开始。截至2019年7月31日收盘，暴风集团股价为5.27元，市值只有不到18亿元；天眼查信息显示，围绕冯鑫有高达552条风险提示，其中，冯鑫所担任法定代表人的暴风集团，2019年6月、7月被北京、上海等地人民法院公示为失信公司共6次。

对比暴风集团的现状与曾经的巅峰时刻，让人恍若隔世。曾经的明星公司，为何遭遇这样的境况?

知识准备

一、财务管理的意义

在企业的各项经营活动中，以财务管理最为重要。财务管理贯穿于企业经营和管理的各个方面、各个环节，是整个企业管理的核心，搞好财务管理，许多问题就会迎

刃而解。对于企业经营，财务管理意义重大。

（一）财务管理是企业管理的基础，是企业内部管理的中枢

财务管理是组织资金运动，处理同有关方面财务关系的一项经济管理工作。它是一种价值管理，渗透和贯穿于企业的经济活动之中。企业资金的筹集、使用和分配，一切涉及资金的业务活动都属于财务管理的范围。

企业的生产、经营、进、销、调、存每一环节都离不开财务的反映和调控，企业的经济核算、财务监督，更是对企业经济活动的有效制约和检查。

（二）企业的管理从注重生产的管理转到财务管理，是社会的进步

随着社会主义市场经济体制的逐步建立，财会工作在企业管理中占有越来越重要的地位。必须坚持一手抓生产发展，一手抓财务管理，既要向生产要效益，又要向管理要效益，管理也是生产力。财务管理与经济效益有着密切的联系。

企业的中心目标就是围绕着如何以较小的消耗取得尽量大的经济效益，加强财务管理能够促进企业节约挖潜、控制费用、降低消耗；通过资金的筹集调度，合理运用资金，提高资金的使用效率，防止资金的浪费；通过对存货的管理可以优化库存结构，减少存货积压，做到经济库存；通过价格的拉动，可以增加企业的收入。

（三）财务管理是实现企业和外部交往的桥梁

首先，通过会计核算，对原始数据进行收集、传递、分类、登记、归纳、总结、储存，将其处理成有用的经济管理信息；其次，开展财务分析，对企业财务活动的过程和结果进行评价，并对未来财务活动及其结果作出预计和测试。通过这一系列财务管理环节，使企业能够向外界提供准确、真实的信息，从而有助于国家进行宏观调控，使投资人进行合理投资，银行做出信贷决策以及税务机关依法征税。

（四）企业管理以财务管理为中心，财务管理以资金管理为中心

加强资金管理，提高资金的使用效率是财务管理的首要任务。资金是企业的“血液”，企业资金运动的特点是循环往复地流动，只有提高资金使用效率，才能确保企业的经济效益，正因如此，资金管理成为企业财务管理的中心是一种客观必然。

（五）强化财务管理可以找出企业问题的根源，提出解决问题的方法

财务部门通过对财务指标进行经常性的计算、预测、整理、分析、肯定成绩、揭露问题、寻找原因，提出改进措施，促使企业不断提高经济效益。

暴风集团之所以出现如此状况，一个重要原因就是没有做好财务管理，导致财务风险失控。

二、财务管理方法

企业为了有效地组织、指挥、监督和控制财务活动，并处理好因财务活动而发生的各种经济关系，就需要运用一系列科学的财务管理方法，它通常包括财务预测、财务决策、财务预算、财务控制、财务分析等方法，这些相互配合、相互联系的方法构成了一个完整的财务管理方法体系。

（一）财务预测

财务预测是指根据企业财务活动的历史资料，考虑现实的条件和今后的要求，对企业未来时期的财务活动进行全面的分析，并作出各种不同的预计和推断的过程。它是财务管理的基础。财务预测的主要内容有筹资预测、投资收益预测、成本预测、收入预测和利润预测等。财务预测所采用的具体方法主要有属于定性预测的判断分析法和属于定量预测的时间序列法、因果分析法和税率分析法等。

（二）财务决策

财务决策是指在财务预测的基础上，对不同方案的财务数据进行分析比较，全面权衡利弊，从中选择最优方案的过程。它是财务管理的核心。财务决策的主要内容有筹资决策、投资决策、成本费用决策、收入决策和利润决策等。财务决策所采用的具体方法主要有概率决策法、平均报酬率法、净现值法、现值指数法、内含报酬率法等。

（三）财务预算

财务预算是指以财务决策的结果为依据，对企业生产经营活动的各个方面进行规划的过程。它是组织和控制企业财务活动的依据。财务预算的主要内容有筹资预算、投资预算、成本费用预算、销售收入预算和利润预算等。财务预算所采用的具体方法主要有平衡法、定率法、定额法、比例法、弹性计划法和前期实绩推算法等。

（四）财务控制

财务控制是指以财务预算和财务制度为依据，对财务活动脱离规定目标的偏差实施干预和校正的过程。通过财务控制以确保财务预算的完成。财务控制的内容主要有筹资控制、投资控制、货币资金收支控制、成本费用控制和利润控制。财务控制所采用的具体方法主要有计划控制法、制度控制法、定额控制法等。

（五）财务分析

财务分析是指以会计信息和财务预算为依据，对一定期间的财务活动过程及其结果进行分析和评价的过程。财务分析是财务管理的重要步骤和方法，通过财务分析，可以掌握财务活动的规律，为以后进行财务预测和制定财务预算提供资料。财务分析的内容主要有偿债能力分析、营运能力分析、获利能力分析和综合财务分析等。财务分析所采用的具体方法有比较分析法、比率分析法、平衡分析法、因素分析法等。

章节知识演练

通过本章所学知识，选择一个企业，通过上网查询相关资料，对该企业是否做好财务管理进行评价。

扫码查答案

第二章　资金的时间价值

第一节　资金时间价值的概念

实训目标

知识教学目标

理解资金时间价值的理念

能力培养目标

使学生认识资金时间价值的内在理念

思想教育目标

认识到资金时间价值的重要性，远离校园贷，把握财富增长密码

案例引入

按揭贷款的选择[①]

按揭贷款的还款方式有两种：等额本息还款法和等额本金还款法。

等额本息还款法是指在整个还款期内，每个月还款额相等，每个月的还款额包括本金和利息，但是每个月支付的本金和利息并不相等，是用复利法计算利息的。

等额本金还款法，顾名思义，每个月偿还相同金额的本金和剩余贷款在本月产生的利息，是用单利法计算利息的，由于剩余贷款随着还款时间的增加会减少，因此等额本金还款法每个月还的本金不变，利息递减，前期每个月还款金额多，后期少。

---

① 地产老程 . 买房时各种贷款方式的差异，采用哪种比较合适？ [EB/OL]. https://baijiahao.baidu.com/s?id=1721732778338970329&wfr=spider&for=pc，2022-01-12.

假设王先生在唐山市买了一套商品房，住房面积是80平方米，单价是12000元，总价是960000元，首付付了360000元，余下的600000元准备按揭贷款20年，按照2020年3月1日的基准利率6%计算。

等额本息还款法下，

每年还款额＝600000（A/P,6%,20）=52320（元）

等额本金还款法下，

每年本金=600000/20=30000（元）

第一年还款额=30000+570000×6%=64200（元）

第二年还款额=30000+540000×6%=62400（元）

…………

等额本金还款法比等额本息还款法付的利息低，但初期压力较大。人们应按照自己手头的资金以及收入的情况结合生命周期理论做出采取哪种方法的决策。

知识准备

一、资金等值与资金的时间价值

资金的时间价值：在没有风险和没有通货膨胀的情况下，资金经过一定时间的投资和再投资所增加的价值，即不同时间发生的等额资金在价值上的差别。

资金等值：在考虑资金时间价值因素后，不同时点上数额不等的资金在一定利率条件下具有相等的价值。

提问：假定我有135万元可以借给你1年，1年以后你需要偿还我多少钱?

因为你占用我的资金一年，需要付出一定的代价，而我也需要从你这里得到一定的报酬，这就是利息（即超出本金的增值）。

利率＝利息/本金　　　利息＝本金×利率

今天的135万元≠明年同一天的135万元

这就是资金的时间价值：同等资金，不同时间点上，价值不同。

今天的135万元＝明年同一天的135万元＋利息（如6.5万元）

这就是资金等值：不同时点上数额不等的资金在一定利率条件下具有相等的价值。

上面案例表明了资金时间价值的含义：对放弃当前消费的机会成本所给予的公平回报。对于理性经济人来说，只有当他们能在未来获得更多的消费时，他们才会放弃当期的消费。

资金随着时间的推移，会产生时间价值。今天的135万元不等于明年同一天的135

万元。明年今天的135万元的价值要低于今年今天的135万元。如果将资金闲置不用或埋入地下保存，显然是不增值的。资金之所以增值是因为将货币投入了生产和流通领域，是劳动创造的财富在时间上的表现。

注：由于资金随时间的延续而增值，不同时间等量资金的价值不相等，不同时间的资金不宜直接进行比较，需要把它们换算到相同的时点进行比较。考虑资金的时间价值，我们要用复利来计息。

二、认识现金流量图

现金流量图是辅助我们学习资金的时间价值的有力工具。现金流量图提供了一种重要的计算货币资金时间价值的工具，它可以直观、便捷地反映资金运动发生的时间和方向。箭头代表数值和方向，向上的箭头代表现金流入，向下的箭头代表现金流出，0点代表投资初始点，一般是以年为间隔，如图2-1所示。

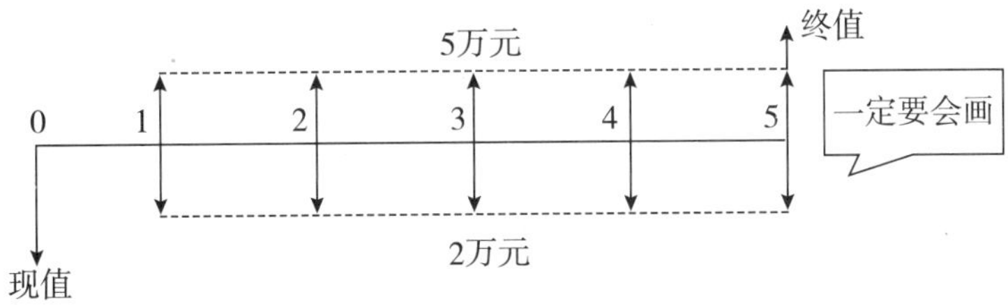

图2-1　现金流量图

三、现值、终值和年金

现值（P）：将来的一笔收付款相当于现在的价值。

终值（F）：现在存入一笔钱，按照一定的利率和利息计算方式，在将来某个时点上的价值。

例2-1　2014年7月和2015年11月，苏某分别向吴某借款100万元和35万元，约定月利息10%，截至2016年4月，她共应还款261万元。在这里，100万元和35万元相对于261万元是现值；261万元相对于100万元和35万元是终值。

注：现值和终值具有相对性，要看时点的相对先后位置，判断现值和终值。

年金（A）：一定时期内每期相等金额的收付款项。

间隔期固定、金额相等的分期付款，分期偿还的贷款，发放的养老金，分期支付的工程款，每年计提的折旧、支付的利息、支付的租金等均表现为年金的形式。

关于等额年金的现金流量图如图2–2所示。

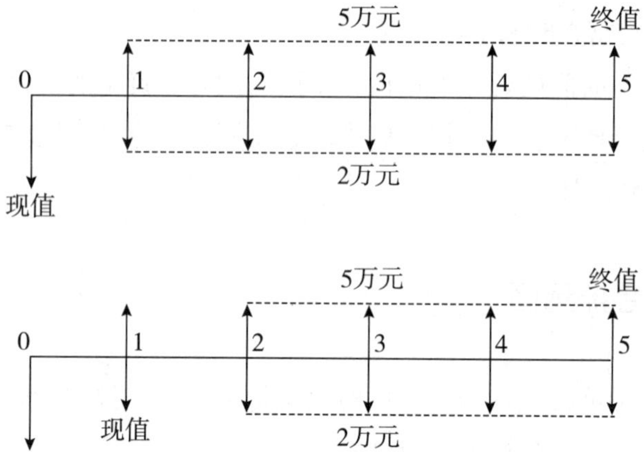

图2–2 等额年金的现金流量图

注：年金的起始点和现值点差1年，一笔款项求终值时的终值点和年金的终值点重合。

注：现值、终值、年金三者存在相对性，同一时点相对于不同的对象，所定义的结果就不同。

第二节 单利与复利

实训目标

知识教学目标

理解单利和复利的区别

能力培养目标

学生建立复利思想，并能利用复利常识进行投资分析

思想教育目标

认识到复利的重要性和复利是把“双刃剑”

知识准备

例2–2 我借给你135万元，你一年后需要偿还我多少钱？（本金+利息）

方案1：月利率10%，单利，12月。

方案2：月利率6.8%，复利，12月。

你决定采用哪种方案？

方案1：

单利：以本金为基数计算利息，无论年限有多长，每年均按原始本金计息，已取得的利息不再计息。

银行存款就是单利

利息=135万元×10%×12=162（万元）

本利和=135万元+135万元×10%×12=297（万元）

方案2：

复利：以本金和累计利息之和为基数计算利息。如图2-3所示。

	0	1	2	3
本金		135	135	135
本利和		135（1+6.8%）	135（1+6.8%）^{2}	135（1+6.8%）^{3}

图2-3　复利推算

按图2-3所示规律，

12个月以后的本利和=135×（1+6.8%）^{12}=297（万元）

利息=297-135=162（万元）

知识拓展

复利投资小常识

案例1

1979年，一群耶鲁大学的校友为庆祝他们毕业25年举办了同学会。聚会中，校友们为了感谢母校对他们的培养，提议给母校捐款。这个想法一说出来就受到支持。最终，他们共捐款37.5万美元。本来他们想将这笔钱直接捐给学校，但有人认为学校不会理财，不如他们来帮学校理财。于是他们就用这笔钱为学校理财。结果25年后，也就是2004年，美国耶鲁大学收到历史以来最大的一笔捐款，总共1.1亿美元。为什么会有这1.1亿美元呢？

案例2

诺贝尔基金会成立于1900年，由诺贝尔捐献980万美元建立。基金会成立初期，章程中明确规定这笔资金被限制只能投资在银行存款与公债上，不允许用于有风险的投资。

随着每年奖金的发放与基金会运作的开销，50多年后，诺贝尔基金会的资产流失了近2/3，到了1953年，该基金会的资产只剩下300多万美元。而且因为通货膨胀，300万美元只相当于1900年的30万美元，原定的奖金数额显得越来越少，眼看着诺贝尔基金会就要走向破产。

诺贝尔基金会的理事们于是求教麦肯锡，将仅有的300多万美元银行存款转成资本，聘请专业人员投资股票和房地产。新的理财观一举扭转了整个诺贝尔基金会的命运，基金不但没有再减少过，而且到了2005年，基金会总资产还增长到了5.41亿美元。从1901年至今的100多年里，诺贝尔基金会发放的奖金总额早已远远超过诺贝尔的遗产。

诺贝尔基金会长线投资的历史，是追求复利收益的历史，伴随着各种天灾人祸。可是一路走来，长线仍有可观复利收益。

案例3

美国伊利诺伊州森林湖市100岁老妪格蕾丝·格罗纳离开人世后，竟将700万美元的遗产都捐赠给了她的母校森林湖学院。据格蕾丝的多年好友披露，这名百岁老太的700万美元巨款，竟然全都来源于她在1935年购买的180美元美国雅培公司的股票。

该笔1935年的投资其后经历了一系列的战争，包括第二次世界大战、冷战、其他大大小小的局部战争，以及全球大大小小的金融危机等，一路艰难走来，仍然可以达到16.3%的年化复利收益。

人类的经济纵然有波动，但始终是向上的。科学技术的进步，社会的发展，总会带来一个又一个经济热点。

案例4

2005年，在布鲁克林工艺大学任教60年的欧斯默夫妇相继去世。两人膝下无子，都是普通得不能再普通的教授。但当有关人员清理他们的投资财产时发现，他们有一笔资产已累积到8.57亿美元。当然这些钱后来全部捐赠了。那么，他们的财富从何而来？一对普通的学校教授，为何有如此巨额的家庭财富储备？原来，早在1960年，欧斯默夫妇以独到眼光把不超过5万美元的积蓄交给巴菲特打理，并且一放就是45年，其间，从没有取回。

第三节　资金时间价值的六大公式

实训目标

知识教学目标

掌握资金时间价值的六大公式并能进行应用计算

能力培养目标

培养学生的时间价值理念和利用其理念处理实际问题的能力

思想教育目标

认识时间价值的理念并对其进行思考认知，引导学生树立正确的消费观、金钱观、财富观与人生观

知识准备

一、已知P求F（一次支付求终值）（见图2–4）

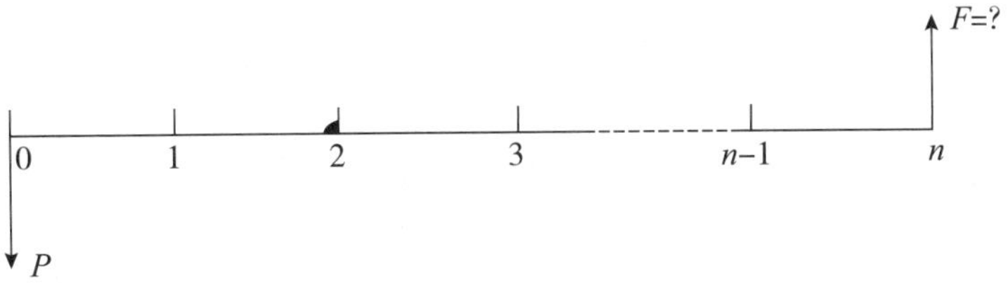

图2–4　一次支付求终值现金流量图

例2–3　假设赵某8年前购买了一份理财产品，价值250000元，若这笔资金的利率是5%，问赵某在理财产品到期时可以得到多少钱?

F=250000（F/P,5%,8）=250000×1.477=369250（元）

二、已知F求P（一次支付求现值）（见图2–5）

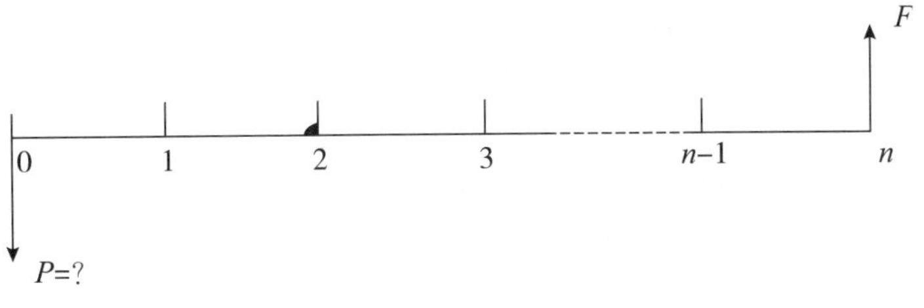

图2–5　一次支付求现值现金流量图

例2–4　假设赵某还款时可以从银行取出230000元。银行利率均值为4%。三年前需一次性存入银行多少钱?

P=230000（P/F,4%,3）=230000×0.889=204470（元）

三、已知A求F（等额分付求终值）（见图2-6）

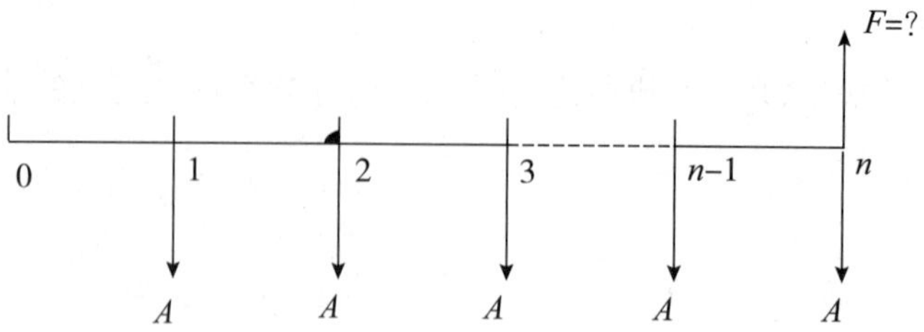

图2-6　等额分付求终值现金流量图

例2-5　假设赵某进行项目投资，从投资的第1年开始，每年年末投资1000万元，市场利率为15%，直到10年后投资结束。问赵某最终能拿到多少钱？

F= 1000（F/A,15%,10）=1000×20.304=20304（万元）

四、已知A求P（等额分付求现值）（见图2-7）

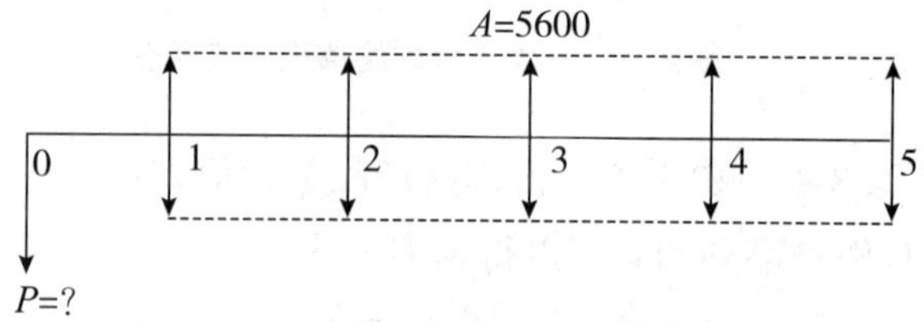

图2-7　等额分付求现值现金流量图

例2-6　假设赵某公司出租一台闲置机床，在租赁协议中约定，租赁期为5年；年租金5600元，于每年年末收取一次，利息及手续费率为5%。如果一次性支付，赵某需要支付多少钱？

P=5600（P/A,5%,5）=5600×4.3295 =24245.2（元）

五、已知P求A（资金回收）（见图2-8）

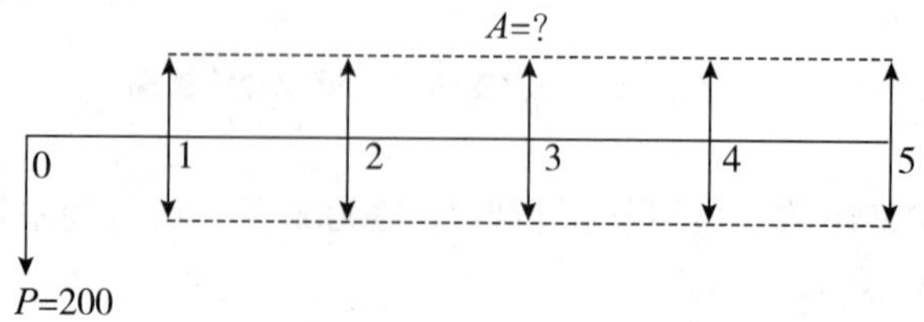

图2-8　资金回收现金流量图

例2-7　假设赵某向银行贷款200万元，银行要求在10年内等额收回全部贷款，已知贷款利率为10%，那么每年应偿还多少万元？

A=200（A/P, 10%, 10）=200 ×0.1627=32.54（万元）

六、已知F求A（等额分付偿债基金）（见图2-9）

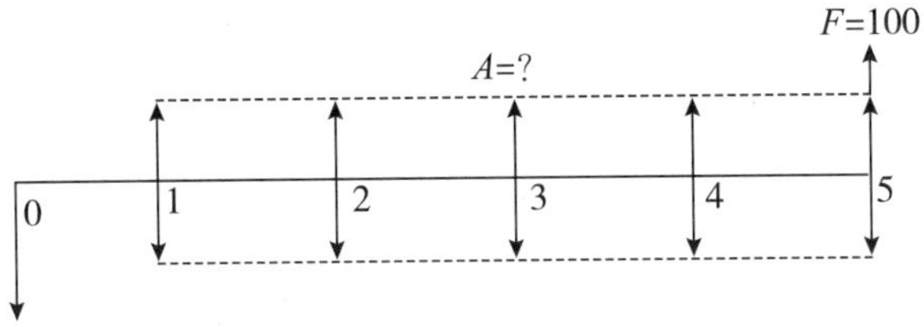

图2-9　等额分付偿债基金现金流量图

例2-8　假设赵某希望在2053年时拥有100万元，需要连续投资30年，市场利率为10%，每年必须投资多少？

A =100（A/F, 10%, 30）= 100 × 0.0061=0.61（万元）

章节知识演练

扫码查答案

1.（计算题）某集团转让其AR专利使用权，一种收益方式是在今后5年里每年收到12000元，随后再连续7年每年收到6000元；另一种收益方式是一次性付款。在不考虑税收的情况下，如要求年收益率为10%，该集团愿意以什么价格一次性出让专利使用权？

2.（计算题）某项工程第1年投资 1000万元，1年后又投资 1500万元，2年后再投入 2000万元，第3年建成投产。投资全部由一个银行贷款，年利率为8%。贷款从第3年开始每年年末等额偿还，还款期10年。问每年应偿还银行多少万元？

3.（计算题）小王是位热心于公益事业的人，自2006年12月底开始，他每年都要向一位失学儿童捐款。小王向这位失学儿童每年捐款1000元，帮助这位失学儿童从小学一年级读完九年义务教育。假设每年定期存款利率都是2%，则小王这九年的捐款在2014年年底相当于多少钱？

4.（案例分析题）秘鲁某矿业公司决定将其西南部的一处矿产开采权公开拍卖，因此它向世界各国煤炭企业招标开矿。英国的甲公司和西班牙的乙公司的投标书具有竞争力。甲公司的投标书显示，该公司如取得开采权，从获得开采权的第1年开始，每年年末向秘鲁政府缴纳10亿美元的开采费，直到10年后开采结束。乙公司的投标书表示，该公司在取得开采权后，第一年年末直接付给秘鲁政府40亿美元，在8年后开采结束，再付60亿美元。如秘鲁政府要求年投资回报率达到15%，问秘鲁政府应接受哪个政府的投标？

5.（案例分析题）周教授是中国科学院院士，一日收到一家上市公司的邀请函，邀请他担任公司的技术顾问，指导开发新产品。邀请函的具体条件如下：

（1）每个月来公司指导工作一天；

（2）每年聘金10万元；

（3）提供公司所在A市住房一套，价值80万元；

（4）在公司至少工作5年。

周教授对以上工作待遇很感兴趣，对该上市公司开发的新产品也很有研究，决定应聘。但他不想接受住房，因为每月工作一天，只需要住公司招待所就可以了，因此他向公司提出，能否将住房改为住房补贴。公司研究了周教授的请求，决定可以每年年末给周教授补贴20万元住房补贴。收到公司的通知后，周教授又犹豫起来。如果向公司要住房，可以将其出售，扣除售价5%的契税和手续费，他可以获得76万元，而若接受房贴，则每年年末可获得20万元。假设每年存款利率2%，则周教授应如何选择呢？

6.（计算题）某投资项目贷款200万元，银行要求在10年内等额收回全部贷款，已知贷款利率为10%，那么项目每年的净收益不应少于多少万元？

7.（计算题）某企业每年将一笔款项存入银行欲建立一笔专用基金。该专用基金预计用途：自第10年年末起，连续3年各提2万元。如果银行存款利率为8%，那么10年中每年年末应等额存入银行多少元？

8.（计算题）售楼处向你推荐一套洋房，一年后可升值到4200000元，现在需要你投资3700000元，你会认可这项投资吗？

第三章　财务分析

第一节　财务分析概述

实训目标

知识教学目标

认识财务分析的基本模式和比较方法

能力培养目标

培养学生灵活运用比率分析法和比较分析法的能力

思想教育目标

认识财务分析的必要性

案例引入

海康威视等17股最"受宠"①

2021年7月，基金公司、券商、险资等机构共调研408家A股上市公司，获百家以上机构扎堆调研的上市公司中就有海康威视。

2021年上半年，全球新冠肺炎疫情的传播仍然未能得到有效遏制，部分国家和地区经济不时出现阶段性停摆，美国对中国科技企业仍在继续打压，在疫情与制裁的共同影响下，全球供应链物流都出现紧张的局面，行业整体产能经受考验。

报告期内，公司继续坚持技术创新，持续稳健发展，上半年实现营业总收入339.02亿元，比上年同期增长39.68%，实现归属于上市公司股东的净利润64.81亿元，

① 证券时报e公司.海康威视上半年净利增长9.66% 创新业务发展受重视[EB/OL].https://baijiahao.baidu.com/s?id=1673107065608241296&wfr=spider&for=pc，2020-07-24.

比上年同期增长40.17%。公司2021年上半年整体毛利率为46.30%，比上年同期下降3.46%。第二季度净利润和净利润增速受重点软件企业所得税退税影响，第二季度净利润中包含了退税金额5.7亿元。按过往惯例，公司一般是在第三季度收到并确认重点软件企业所得税退税，今年由于退税相关程序有调整，改为在第二季度确认退税金额5.7亿元，如果拿掉所得税退税的影响，公司上半年净利润59.11亿元，同比增长27.80%。

海康威视在后疫情时代，仍能保持快速增长状态，原因是什么？海康威视为什么成为众多投资机构扎堆调研的对象？

知识准备

一、财务分析的内容

财务分析是根据财务报表等信息资料，采用专门方法，系统分析和评价企业财务状况、经营成果以及未来发展趋势的过程。

财务分析一般包括偿债能力分析、营运能力分析、盈利能力分析、发展能力分析和现金流量分析五个方面。

财务分析信息的需求者主要包括企业的所有者、债权人、经营决策者和政府等。不同主体出于不同的利益考虑，对财务分析信息有着各自不同的要求。各财务关系人财务分析注重点如表3–1所示。

表3–1　各财务关系人财务分析注重点

所有者	关心其资本的保值和增值状况，因此较为重视企业获利能力指标，主要进行企业盈利能力分析
债权人	首先关注的是其投资的安全性，因此主要进行企业偿债能力分析，同时也关注企业盈利能力分析
经营决策者	关注企业经营理财的各方面，包括偿债能力、运营能力、盈利能力、发展能力，主要进行各方面综合分析，并关注企业财务风险和经营风险
政府	兼具多重身份，既是宏观经济管理者，又是国有企业的所有者和重要的市场参与者，因此政府对企业财务分析的关注点因所具身份不同而异

二、财务分析的作用

财务分析以企业财务报告及其他相关资料为主要依据，对企业的财务状况和经营成果进行评价和剖析，反映企业在运营过程中的利弊得失和发展趋势，从而为改进企业财务管理工作和优化经济决策提供重要财务信息。财务分析具有以下作用。

通过财务分析，可以全面评价企业在一定时期内的各种财务能力，包括偿债能力、营运能力、盈利能力和发展能力，从而分析企业经营活动中存在的问题，总结财务管理工作的经验教训，促进企业改进经营活动、提高管理水平。

通过财务分析，可以为企业外部投资者、债权人和其他有关部门及人员提供更加系统、完整的会计信息，便于他们更加深入地了解企业的财务状况、经营成果和现金流量情况，为其投资决策、信贷决策和其他经济决策提供依据。

通过财务分析，可以检查企业内部各职能部门和单位完成经营计划的情况，考核各部门和单位的经营业绩，有利于企业建立和完善业绩评价体系，协调各种财务关系，保证企业财务目标的顺利实现。

三、财务分析的方法

财务分析方法包括比较分析法、比率分析法和趋势分析法。

（一）比较分析法

比较分析法是对两个或两个以上的可比数据进行对比，找出企业财务状况、经营成果中的差异与问题。可以从以下几个方面进行比较分析，如图3–1所示。

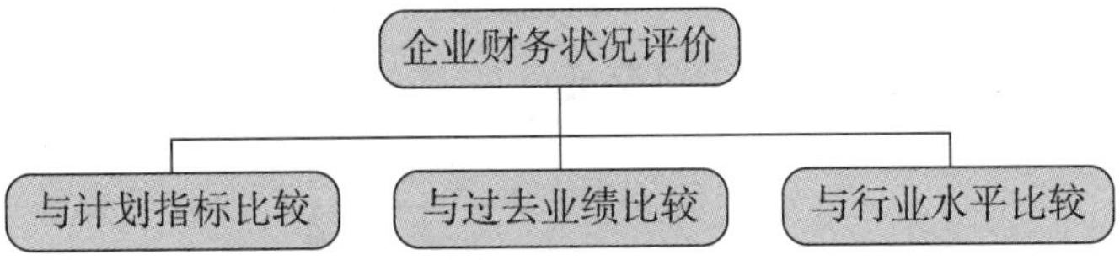

图3–1　企业财务状况评价

采用比较分析法时，应当注意以下问题：

第一，用于对比的各个时期的指标，在计算口径上必须一致；

第二，应剔除偶发性项目的影响，使作为分析的数据能反映正常的生产经营状况；

第三，应运用例外原则，对某项有显著变动的指标作重点分析，研究其产生的原因，以便采取对策，趋利避害。

例3–1　海康威视净利润比较如表3–2所示。

表3–2　海康威视净利润比较

年份	2021	2015
海康威视	68.55亿元	22.18亿元

海康威视净利润保持不断上升的良好状态，同比增长了2.1倍。

（二）比率分析法

比率分析法是通过计算各种比率指标来确定财务活动变动程度的方法。比率分析分为构成比率、效率比率、相关比率，比率分析法类型及其含义如表3–3所示。

表3–3　　比率分析法类型及其含义

比率类型	构成比率	也称为结构比率。 构成比率=某个组成部分数额/总体数值
	效率比率	效率比率，是某项财务活动中所费与所得的比率，反映投入与产出的关系。如利润率类指标
	相关比率	相关比率，是以某个项目和与其有关但又不同的项目加以对比所得的比率，反映有关经济活动的相互关系。如周转率类指标

采用比率分析法时，应该注意以下几点：

第一，对比项目的相关性（比率指标的分子和分母必须具有相关性）；

第二，对比口径的一致性（分子和分母必须在计算时间、范围等方面保持口径一致），如净资产收益率；

第三，衡量标准的科学性。

例3–2　海康威视的比率分析法。以海康威视2021年6月30日数据为例，其中资产总额为871.2亿元，负债总额为331.4亿元。

$$资产负债率=\frac{负债总额}{资产总额}$$

资产负债率为结构比率，反映负债来源数值占资产总额的比例。

资产负债率=331.4亿元/871.2亿元 × 100%=38.04%

（三）趋势分析法

趋势分析法是根据企业连续几年或几个时期的分析资料，运用指数或完成率的计算，确定分析期各有关项目的变动情况和趋势的一种财务分析方法。趋势分析法的一般步骤如下：

第一，计算趋势比率或指数；

第二，根据指数计算结果，评价与判断企业各项指标的变动趋势及其合理性；

第三，预测未来的发展趋势。

例3–3　海康威视同比增长数据如表3–4所示。

表3-4　　海康威视同比增长数据

项目＼时间	2021年6月	2021年3月
流动资产	—	—
货币资金	25.54%	36.43%
应收票据及应收账款	11.99%	5.58%

从表3-4中的数据可以看出，2021年6月货币资金同比增长了25.54%，2021年3月货币资金同比增长了36.43%；2021年6月应收票据及应收账款同比增长了11.99%，2021年3月应收票据及应收账款同比增长了5.58%。海康威视的货币资金和应收票据及应收账款都在稳步提升。

第二节　财务指标计算分析的基本方法

实训目标

知识教学目标

掌握财务指标的公式计算及指标衡量标准

能力培养目标

培养学生运用财务指标对公司财务能力进行评价的能力

思想教育目标

通过公司财务指标数据洞悉公司内在问题，辅助公司的预测及决策

案例引入

海康威视半年报

海康威视于2020年7月24日晚间发布2020半年报，业绩超预期。收入同比小幅增长1.45%，至242.7亿元人民币，而母公司净利润在疫情期间实现9.66%的良好增长，至46.23亿元。利润表现良好主要来自毛利率贡献——同比增加3.43%，至49.76%。

受益于EBG（企业事业部）智能化需求和业务的大幅增长，以及综合性安防企业如海康大华迅速推出红外测温系列产品，第一季度总体业绩相对其他行业而言受影响较小。PBG（政府事业部）、SMBG（中小分销事业部）等传统业务依然受疫情冲击影

响，分别同比下降5%、26%。EBG增速良好（20%），助力海康威视上半年收入的稳定增长。

通过财务报表，我们来进一步分析，海康威视存在哪些优势，什么原因使海康威视成为绩优股？

知识挖掘

财务分析指标有其自身的命名规律，了解指标命名规律对于后续的财务分析工作尤为重要。财务指标的命名规律如表3-5所示。

表3-5　财务指标的命名规律

命名规律	母子率	如资产负债率、净资产收益率等
	子比率	如流动比率、速动比率、现金比率等。主要为短期偿债能力指标，分母一般为“流动负债”
	周转率	某项目周转次数=周转额/该项目平均值； 某项目周转天数=计算期天数/周转次数； 周转额一般为收入净额（存货周转率使用销售成本）
比率构造规律	分子分母的时间特征必须保持一致。这里存在三种情况：①时点数/时点数；②时期数/时期数；③时期数/时点数。第三种情况下，分母一般使用平均数，简化为（期初+期末）/2	

知识准备

一、偿债能力分析

对偿债能力进行分析，有利于债权人做出正确的借贷决策，有利于投资者做出正确的投资决策，有利于企业经营者做出正确的经营决策，有利于正确评价企业的财务状况。其基础知识如表3-6所示。

表3-6　偿债能力含义、分类及指标特征

含义	偿债能力是指企业偿还本身所欠债务的能力
分类	债务一般按到期时间分为短期债务和长期债务，偿债能力分析也由此分为短期偿债能力分析和长期偿债能力分析
指标特征	短期偿债能力指标均涉及“流动负债”，一般不考虑付息问题。 长期偿债能力分析既要考虑还本能力，还要考虑付息能力

（一）短期偿债能力分析

企业在短期（一年或一个营业周期）需要偿还的负债主要指流动负债，因此短期偿债能力衡量的是对流动负债的清偿能力，主要考察的是流动资产对流动负债的清偿能力。企业短期偿债能力的衡量指标主要有营运资金、流动比率、速动比率和现金比率。短期偿债能力指标如图 3–2 所示。

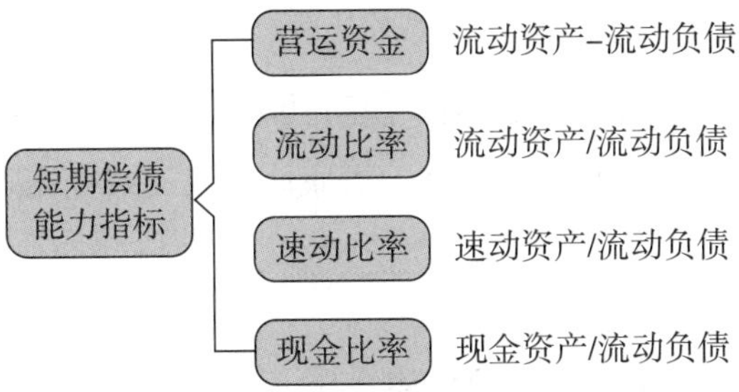

图 3–2　短期偿债能力指标

1. 营运资金

营运资金是指流动资产超过流动负债的部分。其基础知识如表 3–7 所示。

表 3–7　　营运资金公式及理解

公式	营运资金 = 流动资产 – 流动负债
理解	①营运资金为正，说明企业财务状况稳定，不能偿债的风险较小。 ②营运资金为负，企业部分非流动资产以流动负债作为资金来源，企业不能偿债的风险很大
缺点	营运资金是绝对数，不便于不同企业之间的比较

例 3–4　海康威视的营运资金

2021 年 6 月 30 日，营运资金 =871.2 亿元 –331.4 亿元 =539.8 亿元

营运资金为 539.8 亿元，说明偿债能力较强。

2. 流动比率

流动比率是流动资产与流动负债之比。代表每 1 元的流动负债有多少流动资产做保障。其基础知识如表 3–8 所示。

表 3–8　　流动比率公式、影响因素及缺点

公式	流动比率 = 流动资产 / 流动负债 流动比率越大通常短期偿债能力越强。一般认为，生产企业合理的最低流动比率是 2
注意	①流动比率高不意味着短期偿债能力一定很强。

续 表

注意	②计算出来的流动比率，只有和同行业平均流动比率、本企业历史流动比率进行比较，才能知道这个比率是高还是低
影响因素	一般情况下，营业周期、流动资产中的应收账款和存货的周转速度是影响流动比率的主要因素。营业周期短、应收账款和存货的周转速度快的企业其流动比率低一些也是可以接受的
缺点	①该比率比较容易人为操纵。 ②没有揭示流动资产的构成内容，只能大致反映流动资产整体的变现能力

例3–5 海康威视的流动比率

2020年6月30日，流动比率=2.404，说明其短期偿债能力较强。

2012年12月31日，流动比率=4.435，海康威视流动资金充足，偿债能力一直保持在较高水平。

3. 速动比率

速动比率是企业速动资产与流动负债之比。代表每1元的流动负债有多少速动资产做保障。其基础知识如表3–9所示。

表3–9　速动比率公式及影响因素

公式	速动比率=速动资产/流动负债 一般情况下，速动比率越大，短期偿债能力越强
注意	货币资金、交易性金融资产和各种应收款项可以在较短时间内变现，称为速动资产；除此之外的流动资产，包括存货、预付款项、一年内到期的非流动资产和其他流动资产等，属于非速动资产

注： 速动资产主要是流动资产剔除了存货。原因如下：流动资产中存货的变现速度比应收账款要慢得多；部分存货可能被抵押；存货成本和市价可能存在差异。由于剔除了存货等变现能力较差的资产，相比流动比率，速动比率可以更准确、可靠地评价企业资产的流动性和偿还短期债务的能力。

速动比率过低，企业面临偿债风险；速动比率过高，会因占用现金及应收账款过多而增加企业的机会成本。因此，影响此比率可信度的重要因素是应收账款的变现能力。

例3–6 海康威视的速动比率

2021年6月30日，速动比率=1.902

2012年12月31日，速动比率=3.923

说明海康威视短期偿债能力一直较强。

4. 现金比率

现金资产包括货币资金和交易性金融资产。现金资产与流动负债的比值称为现金比率。其基础知识如表3-10所示。

表3-10　现金比率公式及影响因素

公式	现金比率=现金资产（即货币资金+交易性金融资产）/流动负债
注意	①现金比率剔除了应收账款对偿债能力的影响，最能反映企业直接偿付流动负债的能力。 ②经验研究表明，0.2的现金比率就可以接受。 ③这一比率过高，就意味着企业过多资源占用在现金资产上从而影响企业盈利能力

例3-7　海康威视的现金比率

2021年6月30日，现金比率=（277.3亿元+0.3262亿元）/300.7亿元=0.92

0.92，高于可接受线0.2，海康威视对现金资产的控制还是很到位的。

知识拓展

流动比率、速动比率和现金比率的比较如图3-3所示。

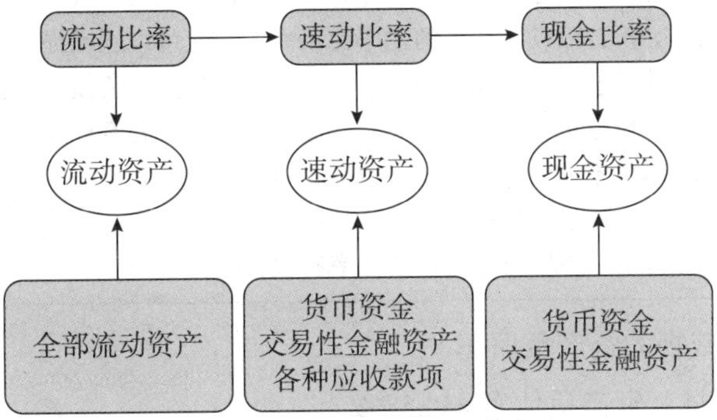

图3-3　流动比率、速动比率、现金比率比较

一般情况下：流动比率>速动比率>现金比率。

（二）长期偿债能力分析

长期偿债能力是指企业在较长期间偿还债务的能力。企业在较长时间内，不仅需要偿还流动负债，还需要偿还非流动负债。因此，长期偿债能力衡量的是对企业所有负债的清偿能力。企业对所有负债的清偿能力取决于其总资产水平。因此长期偿债能力考察的是企业资产、负债和所有者权益之间的关系。其财务指标主要有四项：资产负债率、产权比率、权益乘数、利息保障倍数。长期偿债能力指标如图3-4所示。

1. 资产负债率

资产负债率是企业负债总额与资产总额之比。反映总资产中多大比例是通过负债取得的，可以衡量企业清算时资产对债权人权益的保障程度。其基础知识如表3-11所示。

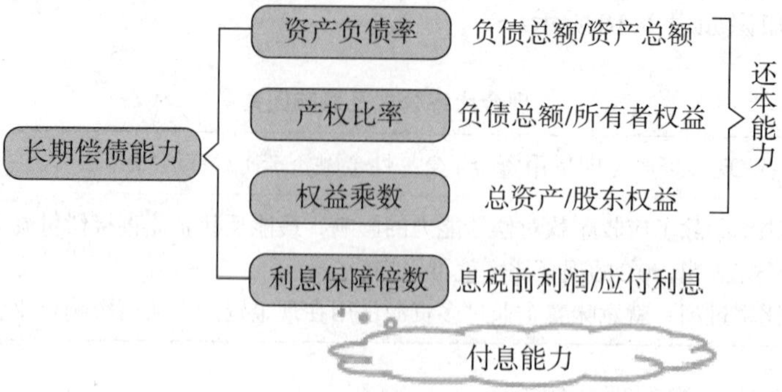

图3-4　长期偿债能力指标

表3-11　资产负债率公式及影响因素

公式	资产负债率=负债总额/资产总额 ×100% 这一比率越低，表明企业资产对负债的保障能力越高，企业的长期偿债能力越强
注意	对该指标进行分析时，应结合以下几个方面： ①结合营业周期分析：营业周期短的企业，资产周转速度快，可以适当提高资产负债率。 ②结合资产构成分析：流动资产占的比率比较大的企业可以适当提高资产负债率。 ③结合企业经营状况分析：兴旺期间的企业可适当提高资产负债率。 ④结合客观经济环境分析：如利率和通货膨胀率水平。当利率提高时，会加大企业负债的实际利率水平，增加企业的偿债压力，这时企业应降低资产负债率。 ⑤结合资产质量和会计政策分析。 ⑥结合行业差异分析。不同行业资产负债率有较大差异

例3-8　海康威视的资产负债率

2021年6月30日，资产负债率=38.58%

2012年12月31日，资产负债率=18.98%

资产负债率有所上升，和海康威视近几年的扩大投资运营相匹配。

2.产权比率

产权比率是负债总额和所有者权益之比。它是企业财务结构稳健与否的重要标志。它不仅反映了企业财务结构是否稳定，而且反映了债权人资本受股东权益保障的程度，或者是企业清算时对债权人利益的保障程度。其基础知识如表3-12所示。

表3-12　产权比率公式及影响因素

公式	产权比率=负债总额/所有者权益 ×100% 一般来说，这一比率越低，表明企业长期偿债能力越强，债权人权益保障程度越高
注意	①在分析时同样需要结合企业的具体情况加以分析，当企业的资产收益率大于负债成本率时，负债经营有利于提高资金收益率，获得额外的利润，这时的产权比率可适当高些。 ②产权比率高，是高风险、高报酬的财务结构；产权比率低，是低风险、低报酬的财务结构

例3-9　海康威视的产权比率

2021年6月30日，产权比率=62.6%

2012年12月31日，产权比率=23.5%

3. 权益乘数

权益乘数是总资产和股东权益的比值。权益乘数表明股东每投入1元钱可实际拥有和控制的金额。在企业存在负债的情况下，权益乘数大于1。企业负债比例越高，权益乘数越大。其基础知识如表3-13所示。

表3-13　权益乘数公式及含义

公式	权益乘数=总资产/股东权益
注意	产权比率和权益乘数是资产负债率的另外两种表现形式，是常用的反映财务杠杆水平的指标

例3-10　海康威视的权益乘数

2021年6月30日，权益乘数=1.614

2021年12月31日，权益乘数=1.234

知识拓展

产权比率、权益乘数和资产负债率关系如表3-14所示。

表3-14　产权比率、权益乘数和资产负债率关系

关系公式	$权益乘数=\frac{总资产}{所有者权益总额}=\frac{负债总额+所有者权益总额}{所有者权益总额}$ $=1+产权比率$ $权益乘数=\frac{总资产}{总资产-负债总额}=\frac{1}{\frac{总资产-负债总额}{总资产}}$ $=\frac{1}{1-资产负债率}$
变动关系	权益乘数、产权比率和资产负债率三者是同方向变动的，即如果一个指标达到最大，另外两个指标也达到最大
计算技巧	①已知一个指标，要能够计算出另外两个指标（需要在计算题中注意此问题）。比如，已知资产负债率为50%，则权益乘数为2，产权比率为1。 ②在计算题中，两组数据（资产负债率、产权比率和权益乘数；资产、负债、所有者权益）已知一组中一个和另一组的一个，即可求出其余的各指标

4. 利息保障倍数

利息保障倍数是指企业息税前利润和应付利息之比，用以衡量偿付借款利息的能力。计算公式如下。

$$
\begin{aligned}
\text{利息保障倍数} &= \text{息税前利润} / \text{应付利息} \\
&= (\text{净利润} + \text{利润表中的利息费用} + \text{所得税}) / \text{应付利息}
\end{aligned}
$$

利息保障倍数主要衡量企业支付利息的能力，没有足够大的息税前利润，利息的支付就会发生困难。

利息保障倍数反映支付利息的利润来源与利息支出之间的关系，该比率越高，长期偿债能力越强。利息保障倍数至少要大于1，如果利息保障倍数过低，企业将面临亏损，偿债的安全性和稳定性下降。但短期内也是可以小于1的，因为计算息税前利润时减去的折旧和摊销并不需要支付现金，这种支付能力是暂时的。因此，在分析时需要比较企业连续多个会计年度的利息保障倍数。

由于海康威视无应付利息，暂不计算利息保障倍数。

二、营运能力分析

营运能力主要指资产运用、循环的效率高低，用周转次数和周转天数来表示。一般而言，资产周转速度越快，说明企业的资产管理水平越高，资金利用效率越高，企业可以以较少的投入获得较多的收益。

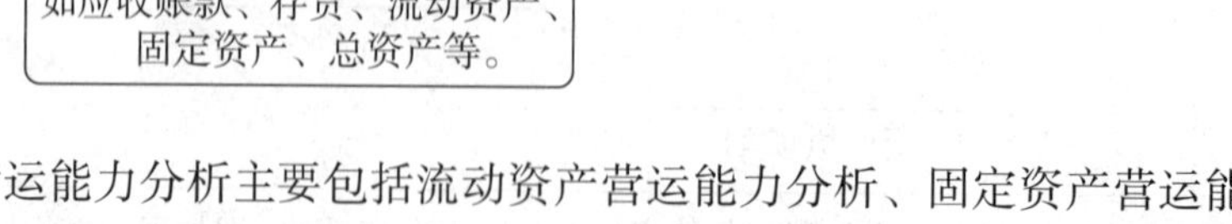

企业营运能力分析主要包括流动资产营运能力分析、固定资产营运能力分析、总资产营运能力分析。

（一）流动资产营运能力分析

反映流动资产营运能力的指标主要有应收账款周转率、存货周转率和流动资产周转率，如图3–5所示。

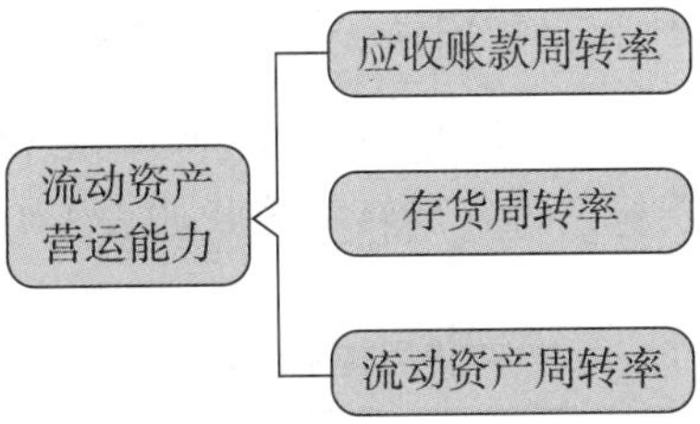

图3–5　流动资产营运能力指标

1. 应收账款周转率

应收账款在流动资产中有着举足轻重的地位，及时收回应收账款，不仅增强了企业的短期偿债能力，也反映出企业管理应收账款的效率。反映应收账款周转情况的比率叫应收账款周转率，包括应收账款周转次数和应收账款周转天数，如表3–15所示。

表3–15　应收账款周转率公式

公式	①应收账款周转次数 =销售收入净额/应收账款平均余额 =销售收入净额/［（期初应收账款+期末应收账款）/2］ ②应收账款周转天数=计算期天数/应收账款周转次数 **注：**通常，应收账款周转率越高、周转天数越短表明应收账款管理效率越高
注意	①理论上讲，应收账款是由赊销引起的，其对应的收入应为赊销收入，但是赊销数据难以取得，所以，销售收入数据使用利润表中的“营业收入”。 ②应收账款为时点数，为了简化，平均值=（期初数+期末数）/2，平均数计算可根据实际情况调整计算方法。 ③应收账款应为未扣除坏账准备的金额。 ④应收账款周转率即为应收账款周转次数

应收账款周转率反映了企业应收账款周转速度的快慢及应收账款管理效率的高低。在一定时期内周转次数多（或周转天数少）表明：

①企业收账迅速，信用销售管理严格；

②应收账款流动性强，进而增强了企业短期偿债能力；

③可以减少收账费用和坏账损失。

例3–11　海康威视的应收账款周转情况

2021年6月30日，应收账款周转天数=128天

2012年12月31日，应收账款周转天数=79.13天

海康威视的应收账款周转变慢。

2. 存货周转率

在流动资产中，存货所占比重较大，存货的流动性将直接影响企业的流动比率。

存货周转率通过存货周转次数和存货周转天数反映。存货周转率是指一定时期内企业销售成本和存货平均余额的比率，是衡量和评价企业购入存货、投入生产、销售收回等各环节管理效率的综合性指标。存货周转率公式如表3–16所示。

表3–16 存货周转率公式

公式	①存货周转次数=销售成本/存货平均余额 存货平均余额=（期初存货+期末存货）/2 ②存货周转天数=计算期天数/存货周转次数 **注：**一般来讲，存货周转速度越快，存货占用水平越低，流动性越强，存货转化为现金或应收账款的速度就越快，这样会增强企业的短期偿债能力及盈利能力
注意	①存货周转率的高低与企业的经营特点有密切联系，应注意行业的可比性； ②该比率反映的是存货整体的周转情况，不能说明企业经营各环节的存货周转情况和管理水平； ③应结合应收账款周转情况和信用政策进行分析

通过存货周转速度分析，可以找出存货管理中的问题，尽可能降低资金占用水平。

例3–12 海康威视存货周转情况

2021年6月30日，存货周转天数=131.4天

2012年12月31日，存货周转天数=87.77天

2021年存货周转速度变慢，究其原因，存货的6月末余额与年初基本持平，较一季度末有轻微下降。2019年上半年开始为应对供应链风险，公司对部分进口原材料进行预防性采购，2019年年末存货余额大增逾50亿元。上半年存货的计提压力开始显现——上半年存货跌价计提1.65亿元，同比增加超过100%。

3.流动资产周转率

流动资产周转率是反映企业流动资产周转速度的指标，是一定时期销售收入净额与流动资产平均余额之间的比率。其公式如下：

流动资产周转次数=销售收入净额/流动资产平均余额

流动资产周转天数=计算期天数/流动资产周转次数

=计算期天数×流动资产平均余额/销售收入净额

式中：流动资产平均余额=（期初流动资产+期末流动资产）/2

注：在一定时期内，流动资产周转次数越多，流动资产周转天数越少，表明流动资产利用效果越好。

（二）固定资产营运能力分析

固定资产周转率是反映固定资产营运能力的指标。固定资产周转率是指企业销售收

入净额与固定资产平均净值的比率，衡量固定资产利用效率的一项指标。其公式如下：

固定资产周转率=销售收入净额/固定资产平均净值

式中：固定资产平均净值=（期初固定资产净值+期末固定资产净值）/2

注：①固定资产净值=固定资产原值-累计折旧；

②固定资产周转率高，说明企业固定资产投资得当，结构合理，利用效率高。

（三）总资产营运能力分析

反映总资产营运能力的指标是总资产周转率。总资产周转率是企业销售收入净额与平均资产总额的比率。其公式如下：

总资产周转率=销售收入净额/平均资产总额

如果企业各期资产总额比较稳定，波动不大，则平均资产总额=（期初资产总额+期末资产总额）/2

注：①计算总资产周转率时分子和分母在时间上应保持一致；

②如果资金占用的波动性较大，企业应采用更详细的资料进行计算，如按照各月份的资金占用额计算。月平均资产总额=（月初资产总额+月末资产总额）/2。

例3-13　海康威视的资产周转率

2021年6月30日，资产周转率=0.12

2012年12月31日，资产周转率=0.386

2021年上半年期末的应收账款周转天数较去年同期略有降低。在产业链供货整体比较紧张的背景下，包括公司在内的各个环节，更加注重资金的高效周转。存货方面，公司延续从2019年5月开始实施高库存政策，存货周转天数保持稳定，在经营性现金流方面，上半年净额累计回正，较去年同期有所提升，公司保持稳健的财务政策。

三、盈利能力分析

盈利能力是企业获取利润，实现资金增值的能力。因此盈利能力主要通过收入与利润之间的关系、资产与利润之间的关系反映。盈利能力分析指标如表3-17所示。

表3-17　盈利能力分析指标

销售毛利率	销售毛利率=销售毛利/销售收入 其中：销售毛利=销售收入-销售成本
销售净利率	销售净利率=净利润/销售收入

续 表

总资产净利率	总资产净利率＝净利润/平均总资产 ×100%
净资产收益率	净资产收益率＝净利润/平均所有者权益 ×100%

销售毛利率又叫营业毛利率，反映产品每1元营业收入包含的毛利润是多少。销售毛利率高于行业水平的企业意味着实现一定的收入占用了更少的成本，表明其在资源、技术或劳动生产率方面具有竞争优势；销售毛利率低于行业水平的企业说明其在行业中处于竞争劣势。

销售净利率又叫营业净利率，反映每1元营业收入最终赚取了多少利润，用于反映产品最终的盈利能力。

总资产净利率指净利润与平均总资产的比率，反映每1元资产创造的净利润，衡量的是企业资产的盈利能力。总资产净利率越高，表明企业资产的利用效果越好。

净资产收益率又称权益净利率或权益报酬率，是净利润与平均所有者权益的比率，表示每1元权益资本赚取的净利润，反映权益资本经营的盈利能力。该指标是企业盈利能力指标的核心，也是杜邦财务指标体系的核心，更是投资者关注的重点。一般来讲，净资产收益率越高，所有者和债权人的利益保障程度越高。但净资产收益率也不是一个越高越好的指标，应同时注意企业的财务风险。

例3–14 海康威视的盈利指标

2021年6月30日，销售毛利率=46.30%

2012年12月31日，销售毛利率=49.20%

2021年6月30日，销售净利率=20.22%

2012年12月31日，销售净利率=29.67%

2021年6月30日，总资产净利率=7.8%

2012年12月31日，总资产净利率=22.64%

2021年6月30日，净资产收益率=11.15%

2012年12月31日，净资产收益率=27.34%

2021年上半年，公司的盈利指标均有一定下降；但我们也应该看到，在疫情之下海康威视上半年业绩同比增长10.49%，至46.67亿元，是超预期发挥。尤其是在继续加大研发投入、资产减值计提压力增加的前提下实现如此业绩实属不易。分拆季度来看，其得益于第二季度毛利率的大幅改善（单季度毛利率达到51%），第二季度在各行业整体尚未摆脱疫情影响，而安防行业已率先走出阴影。

四、发展能力分析

反映企业发展能力分析指标如表3–18所示。

表3–18　　发展能力分析指标

销售收入增长率	销售收入增长率=本年销售收入增长额/上年销售收入 ×100% 其中：本年销售收入增长额=本年销售收入–上年销售收入
总资产增长率	总资产增长率=本年资产增长额/年初资产总额 ×100% 其中：本年资产增长额=年末资产总额–年初资产总额
营业利润增长率	营业利润增长率=本年营业利润增长额/上年营业利润总额 ×100% 其中：本年营业利润增长额=本年营业利润–上年营业利润
资本保值增值率	资本保值增值率=期末所有者权益/期初所有者权益 ×100% 这一指标的高低，除了受企业经营成果的影响，还受企业利润分配政策和投入资本的影响
资本积累率	资本积累率=本年所有者权益增长额/年初所有者权益 ×100% 其中：本年所有者权益增长额=年末所有者权益–年初所有者权益

海康威视发展能力变化如图3–6所示。

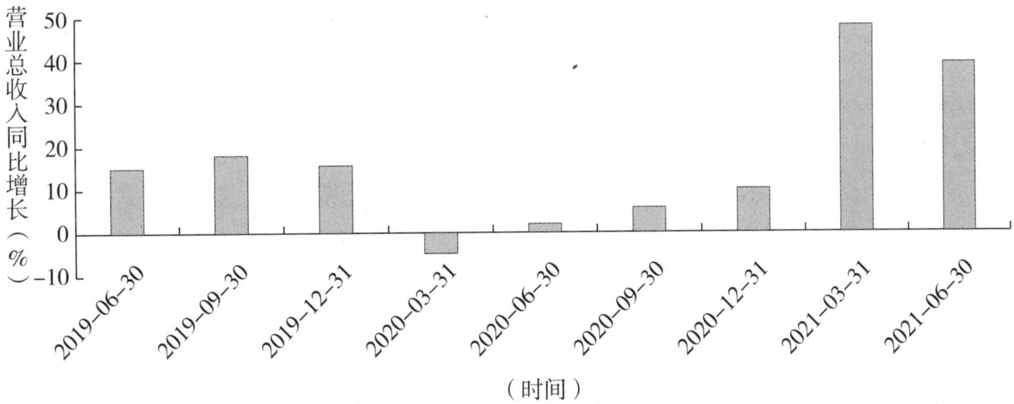

图3–6　海康威视发展能力变化

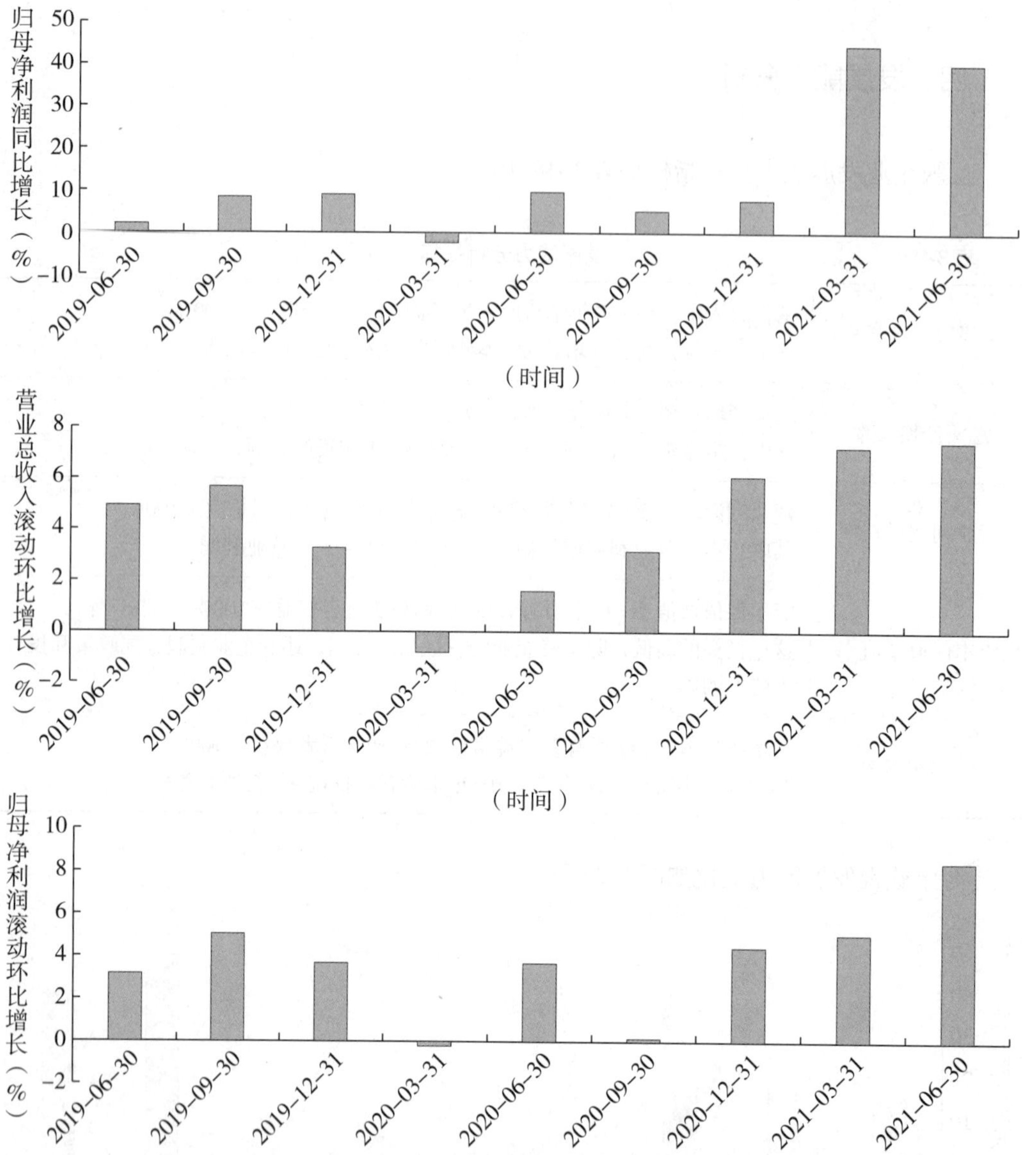

图3-6　海康威视发展能力变化（续）

章节知识演练

找一个感兴趣的上市公司，对其财务指标进行比较分析、比率分析、趋势分析等。

扫码查答案

第四章　筹资管理

第一节　筹资管理的主要内容

实训目标

扫码看案例

知识教学目标

了解筹资管理的动机及内容，理解筹资管理的分类

能力培养目标

培养学生对公司筹资管理的意识

思想教育目标

认识到筹资管理对公司经营发展的重要性

案例引入

“饿了么”的融资之路①

截至2016年第四季度，“饿了么”为了能拥有更多的资金，让企业占领更大的市场份额，已经进行了7轮融资，而且大部分是股权融资。从2011年3月的A轮融资，一直到2016年的G轮融资，前后融资金额高达23.5亿元，而参与“饿了么”融资的投资人都是资本市场各大领袖：金沙江创投、经纬中国、红杉资本、大众点评、腾讯、京东、中信基金、歌斐资产、阿里巴巴和蚂蚁金服等。

“饿了么”的发展速度令业界称奇，这与它精准的市场眼光、专业的融资策略、高效的融资速度有关。“饿了么”融资策略如图4-1所示。

① 昌奎．“饿了么”七轮融资23亿美金，融资策略的背后原来是这样！[EB/OL].https://wenku.baidu.com/view/2fa2915ca717866fb84ae45c3b3567ec102ddce8.html.

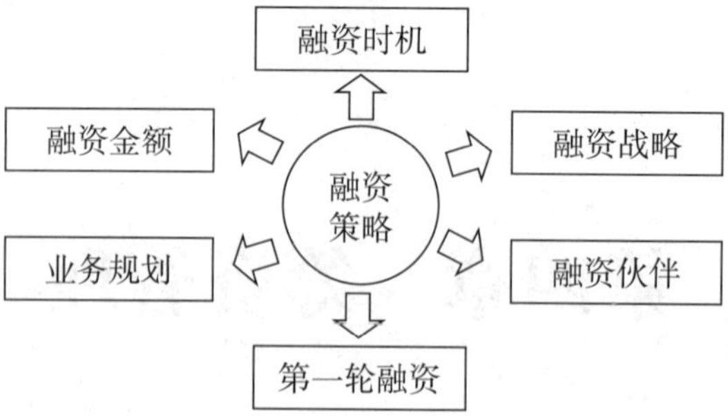

图4–1 “饿了么”融资策略

“饿了么”经历了怎样的融资历程？融资成功的原因是什么？

知识准备

一、企业筹资的动机

企业筹资，是指企业为了满足经营活动、投资活动、资本结构管理和其他需要，运用一定的筹资方式，通过一定的筹资渠道，筹措和获取所需资金的一种财务行为。

企业筹资是为企业的经营和发展提供资金保障，但每次具体的筹资行为往往受特定动机的驱动。企业筹资动机如表4–1所示。

表4–1 企业筹资动机

动机类型	具体内容
创立性筹资动机	是指企业设立时，为取得资本金并形成开展经营活动的基本条件而产生的筹资动机
支付性筹资动机	是指为了满足经营业务活动的正常波动所形成的支付需求而产生的筹资动机
扩张性筹资动机	是指企业因扩大经营规模或对外投资需要而产生的筹资动机
调整性筹资动机	是指企业因调整资本结构而产生的筹资动机
注：企业筹资的目的可能不是单纯和唯一的，通过追加筹资，既满足了经营活动、投资活动的资金需要，又达到了调整资本结构的目的。这类情况很多，可以称为混合性的筹资动机	

“饿了么”的筹资动机是什么？

“饿了么”的CEO张旭豪曾经说过这么一句话：企业要发展，只有拥有更多的资金，才可以快速地占领更多的市场份额，特别是在互联网领域；才能在市场上更好地形成垄断机会。如果企业的成长速度不够快，或者你每天都在为钱的事情发愁，公司的发展必然无法达到预期，未来必然会被市场淘汰。

二、筹资管理的内容

筹资活动是企业资金流转运动的起点，筹资管理要求解决企业为什么要筹资，需要筹集多少资金，从什么渠道筹集，以什么方式筹集等问题。

（一）科学预计资金需要量

资金是企业的血液，是企业设立、生存和发展的财务保障，是企业开展生产经营业务活动的基本前提。任何一个企业为了形成生产经营能力，保证生产经营正常运行，必须持有一定数量的资金。

（二）合理安排筹资渠道、选择筹资方式

有了资金需求后，企业要解决的问题是资金从哪里来并以什么方式取得。这是一项重要的财务工作，直接关系到企业所能筹集资金的数量、成本和风险。因此需要深刻认识各种筹资渠道和筹资方式的特征、性质。

（三）降低资本成本、控制财务风险

资本成本是企业筹集和使用资金所付出的代价，包括筹资费用和占用费用。在资金筹集过程中，要发生股票发行费、借款手续费、证券印刷费、公证费、律师费等费用，这些属于筹资费用。在企业生产经营和对外投资活动中，要发生利息支出、股利支出、租赁的资金利息等费用，这些属于占用费用。

三、筹资方式

筹资方式，是指企业筹集资金所采取的具体形式，受到法律环境、经济体制、融资市场等筹资环境的制约，特别是受国家对金融市场和融资行为方面的法律法规制约。企业筹资方式如表4–2所示。

表4–2　　企业筹资方式

含义	是指企业筹集资金所采取的具体形式
类型	①一般来说，企业最基本的筹资方式就是两种：股权筹资和债务筹资； ②至于发行可转换债券等筹资方式，属于兼有股权筹资和债务筹资性质的混合筹资方式
常见方式	①吸收直接投资；②发行股票；③发行债券；④向金融机构借款；⑤融资租赁；⑥利用商业信用；⑦利用留存收益

四、筹资的分类

企业根据不同方式筹集资金，按照不同的分类标准可分为不同的筹资类别，企业筹资分类如表4–3所示。

表4–3 企业筹资分类

分类依据	类　型	说　明
所取得资金的权益特性	股权筹资	股权筹资形成股权资本。股权资本，是股东投入的、企业依法长期拥有、能够自主调配运用的资本
	债务筹资	债务筹资形成债务资本。债务资本，是企业按合同向债权人取得的，在规定期限内需要清偿的债务
	混合筹资	混合筹资，兼具股权筹资与债权筹资性质。我国上市公司目前最常见的混合筹资方式是发行可转换债券和发行认股权证
是否以金融机构为媒介	直接筹资	是直接与资金供应者协商进行筹资。直接筹资方式主要有发行股票、发行债券、吸收直接投资等
	间接筹资	是企业借助于银行和非银行金融机构进行筹资 ①通过间接筹资方式形成的主要是债务资金，主要用于满足企业资金周转的需要； ②间接筹资的基本方式是银行借款，此外还有融资租赁等方式
资金的来源范围	内部筹资	是指企业通过利润留存而形成的筹资（一般无筹资费用）
	外部筹资	是指向企业外部筹措资金而形成的筹资
所筹集资金的使用期限	长期筹资	是指企业筹集使用期限在1年以上的资金筹集活动
	短期筹资	是指企业筹集使用期限在1年以内的资金筹集活动

注： 利用商业信用和发行债券属于债务筹资，利用留存收益属于内部股权筹资，吸收直接投资属于外部股权筹资。

五、筹资管理的原则

企业筹资管理的基本要求，是在严格遵守国家法律法规的基础上，分析影响筹资的各种要素，权衡资金的性质、数量、成本和风险，合理选择筹资方式，提高筹资效果。筹资管理的原则如表4–4所示。

表 4–4　筹资管理的原则

原则	具体内容
筹措合法	遵循国家法律法规，合法筹措资金
规模适当	分析生产经营情况，正确预测资金需要量
筹措及时	合理安排筹资时间，适时取得资金
来源经济	了解各种筹资渠道，选择资金来源
结构合理	研究各种筹资方式，优化资本结构

第二节　债务筹资

实训目标

知识教学目标

理解债务筹资的种类及特点，掌握银行借款的知识，了解公司债券及融资租赁形式

能力培养目标

培养学生对公司债务筹资的认识能力

思想教育目标

学生认识到债务筹资的必要性

知识准备

债务筹资形成企业的债务资金，债务资金是企业通过银行借款、向社会发行公司债券及租赁等方式筹集和取得的资金。债务筹资的三种基本形式是银行借款、发行公司债券、租赁。

一、银行借款

银行借款是指企业向银行或者其他非银行金融机构借入的，需要还本付息的款项，包括偿还期限超过1年的长期借款和不足1年的短期借款，主要用于构建固定资产和满足流动资产周转的需要。

（一）银行借款的分类

银行借款分类如表4–5所示。

表4–5　银行借款分类

分类要点	类别	贷款银行
提供贷款机构	政策性银行贷款	国家开发银行、中国进出口银行、中国农业发展银行
	商业银行贷款	中国银行、中国建设银行、招商银行等
有无担保要求	无：信用贷款	银行面临的风险高，筹资者承担的利息高，还附加限制条件
	有：担保贷款	可以降低银行风险，提高贷款安全性。具体有保证贷款、抵押贷款（不转移抵押物）和质押贷款（转移质押物）

注：保证贷款、抵押贷款和质押贷款的区别如下。

保证贷款：第三方作为保证人。

抵押贷款：以财产作为抵押物，并不转移对财产的占有。

质押贷款：以动产或财产权利作为质押物，将动产或财产权利移交给债权人占有。

作为贷款质押品，可以是汇票、支票、债券、存款单、提单等信用凭证，可以是依法可以转让的股份、股票等有价证券，也可以是依法可以转让的商标专用权、专利权、著作权中的财产权等。

（二）银行借款筹资的特点

相对于其他的筹资方式，如发行公司债券筹资、股权筹资等，银行借款筹资特点如表4–6所示。

表4–6　银行借款筹资特点

优点	①筹资速度快。 ②资本成本低。 ③筹资弹性较大
缺点	①限制条款多。 ②筹资数额有限

向一家商业银行借款是需要具备相应的企业信用的，并且要有抵押物。但个别企业欲获得眼前的巨大利益，以各种欺骗犯罪手段非法获取金融机构的抵押贷款、票据承兑等，给金融机构造成重大损失。民无信不立，企业想要发展壮大，信誉至关重要。不管是个人还是公司，都要立足诚信，不应局限于眼前利益，要做长远打算，使借贷双方实现共赢。

二、发行公司债券

公司债券是公司依照法定程序发行，约定在一定期限还本付息的有价证券。债券是持券人拥有公司债权的书面证书，它代表债券持券人与发债公司之间的债权债务关系。

（一）公司债券的种类

公司债券分类如表4–7所示。

表4–7　公司债券分类

分类依据	类型	含义
是否记名	记名债券	在公司债券存根簿载明债券持有人的姓名等其他信息
	无记名债券	在公司债券存根簿上不记载持有人的姓名
能否转换成公司股权	可转换债券	债券持有者可以在规定的时间内按照规定的价格转换为发债公司股票的债券
	不可转换债券	不能转换为发债公司股票的债券
有无特定财产担保	担保债券（抵押债券）	以抵押方式担保发行人按期还本付息的债券，主要是抵押债券。按抵押品不同，分为不动产抵押债券、动产抵押债券和证券信托抵押债券
	信用债券	仅凭公司自身的信用发行的、没有抵押品作抵押担保的债券

（二）公司债券的偿还

公司债券偿还按其实际发生时间与规定的到期日之间的关系，分为提前偿还与到期偿还两类，其中后者又包括分批偿还和一次偿还两种。债券偿还分类如图4–2所示。

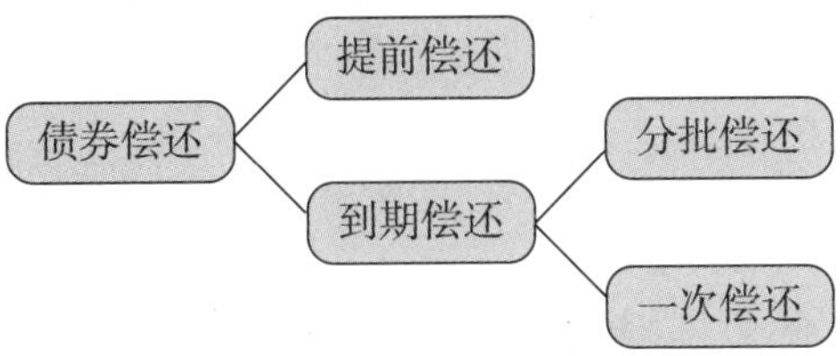

图4–2　债券偿还分类

公司债券偿还方式如表4–8所示。

表4–8　　公司债券偿还方式

提前偿还（提前赎回，或收回）	含义：是指在公司债券尚未到期之前就予以偿还。 前提：只有在公司发行债券的契约中明确规定了允许提前偿还的条款，公司才可以进行此项操作。 赎回价格：提前偿还所支付的价格通常要高于债券的面值，并随到期日的临近而逐渐下降。 赎回时机：①当公司资金结余时，可提前赎回债券；②当预测利率下降时，也可提前赎回债券，而后以较低的利率来发行新债券，这两种方式都是为不付或少付利息
分批偿还	如果一个公司在发行同一种债券的当时就为不同编号或不同发行对象的债券规定了不同的到期日，这种债券就是分批偿还债券
一次偿还	到期一次偿还

（三）公司债券筹资的特点

相比银行借款，公司债券筹资有如下特点。

1. 一次筹资数额大

与银行借款、租赁等债务筹资方式相比，利用发行公司债券筹资，能够筹集大额的资金，满足公司大规模筹资需要。

2. 募集资金的使用限制条件少

与银行借款相比，公司债券筹资募集资金的使用具有相对的灵活性和自主性。特别是发行债券所筹集的大额资金，能够用于流动性较差的长期资产上。

3. 资本成本负担较高

在预计市场利率持续上升的金融市场环境下，发行公司债券筹资，能够锁定资本成本。相对于银行借款筹资，发行债券的利息负担和筹资费用都比较高。

4. 提高公司的社会声誉

发行债券，往往是有实力的股份有限公司和有限责任公司所为。通过发行公司债券，一方面筹集了大量资金，另一方面扩大了公司的社会影响。

三、租赁

（一）租赁的基本含义及特征

租赁含义及特征如表4–9所示。

表4-9 租赁含义及特征

含义	是指通过签订资产出让合同的方式，使用资产的一方通过支付租金，向出让资产的一方取得资产使用权的一种交易行为
特征	①所有权与使用权相分离。 ②融资与融物相结合。 ③租金的分期支付

（二）租赁的基本形式

1. 直接租赁

承租人直接向出租人租入所需要的资产，并付出租金。

2. 售后回租

根据协议，企业将某资产卖给出租人，再将其租回使用。

3. 杠杆租赁

出租方只投入部分资金，其余资金以该资产做抵押向第三方筹资解决。

对租赁的三种基本形式的说明和租赁方式的对比如表4-10和表4-11所示。

表4-10 租赁的三种基本形式的说明

基本形式	相关说明
直接租赁	出租人向承租人直接租出自己的资产并收取租金，资产所有权属于出租人
售后回租	根据协议，企业将某资产卖给出租人，再将其租回使用
杠杆租赁	出租方只投入部分资金，其余资金以该资产做抵押向第三方筹资解决，涉及三方主体：出租人、承租人、资金出借者，标的资产既是租赁物又是抵押物

表4-11 租赁方式的对比

租赁方式	当事人	租赁物所有权	租赁物采购资金来源	合同关系
直接租赁	出租人、承租人	出租人	出租人全额	租赁合同
售后回租	出租人、承租人	承租人→出租人	出租人全额	出售合同、租赁合同
杠杆租赁	出租人、承租人、资金出借者	出租人	出租人+资金出借者	借款合同、租赁合同

（三）租赁筹资的特点

租赁筹资的特点如表4-12所示。

表4–12　　租赁筹资的特点

优点	①无须大量资金就能迅速获得资产。在资金缺乏情况下，能迅速获得所需资产。 ②财务风险小，财务优势明显（借鸡生蛋、卖蛋还钱）。 ③限制条件较少。 ④能延长资金融通的期限（相对于贷款）
缺点	资本成本负担较高。租金通常比银行借款或发行债券所负担的利息高得多，租金总额通常要高于设备价值的30%

（四）租赁的租金计算

决定租金的因素如图4–3所示。

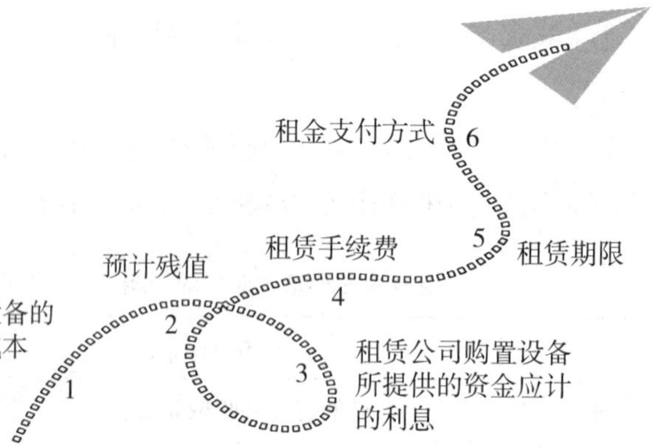

图4–3　决定租金的因素

租金的测算方法如图4–4所示。我国租赁实务中，租金计算大多采用等额年金法。

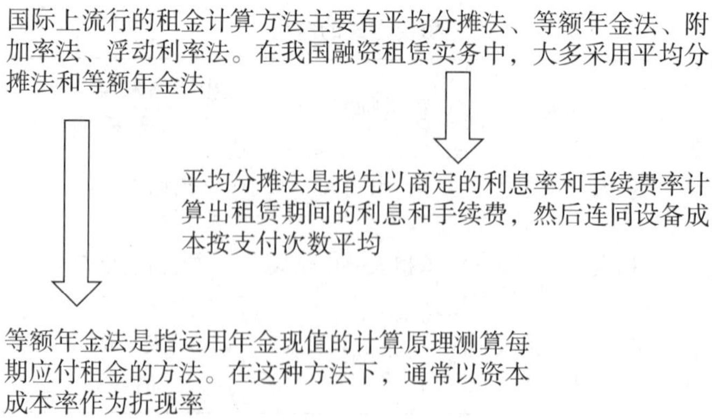

图4–4　租金的测算方法

四、债务筹资的优缺点

债务筹资的优缺点如表4-13所示。

表4-13　债务筹资的优缺点

优点	①筹资速度较快。 ②筹资弹性大。 ③资本成本负担较轻。 ④可以利用财务杠杆。 ⑤稳定公司的控制权
缺点	①不能形成企业稳定的资本基础。 ②财务风险较大。 ③筹资数额有限

第三节　股权筹资

实训目标

知识教学目标

理解股权筹资的种类及优缺点，了解公司吸收直接投资的模式及发行股票的形式

能力培养目标

培养学生对公司股权筹资的认识能力

思想教育目标

学生认识到股权筹资的必要性

案例引入

“饿了么”运用正确的融资模式飞速发展!

2009年4月，张旭豪、康嘉等人在上海成立了“饿了么”，这一平台为大众提供多样化的在线订餐服务。平台将线下餐饮品牌跟网络资源融合在一起，让用户通过手机或者是电脑就可以在线订餐，享受美食。据不完全统计，“饿了么”在2015年7月就已经覆盖了260多个城市，累计用户高达4000多万人。很多知名企业在发展期间，为了扩大规模，都会选择融资，“饿了么”在发展期间也有过六轮融资，在2011年3月开

启了A轮融资，当时有金沙江创投进行了百万美元的股权投资，2013年开始B轮融资，主要的股权投资机构有经纬中国、金沙江创投等机构，股权投资的金额高达百万美元。

“饿了么”在2013年11月开启C轮融资，经纬中国以及金沙江创投再次追投，新加入的投资机构有红杉资本中国，此次股权投资的融资金额在2500万美元，2014年5月6日开启D轮融资，获得大众点评的8000万美元股权投资，在2015年1月开启E轮融资，当时有中信产业基金领投，之前对其进行投资的很多机构再次跟投，股权投资的金额高达3.5亿美元。在2015年8月“饿了么”开启F轮融资，红杉资本中国、中信产业基金再次跟投，此轮股权投资的金额高达6.3亿美元。

请指出“饿了么”采用股权筹资的目的及成功之道是什么。

知识准备

股权筹资形成企业的股权资本，是企业最基本的筹资形式。股权筹资的三种基本形式分别为吸收直接投资、发行普通股股票和留存收益。

一、吸收直接投资

（一）含义

吸收直接投资是指企业按照“共同投资、共同经营、共担风险、共享收益”的原则，直接吸收国家、法人、个人和外商投入资金的一种筹资方式。

吸收投入资本不以证券为媒介。

吸收直接投资的实际出资额中，注册资本部分，形成实收资本；超过注册资本部分属于资本溢价，形成资本公积。

（二）吸收直接投资的出资方式

吸收直接投资的出资方式包括以货币资产出资、以实物资产出资、以工业产权出资、以土地使用权出资以及以特定债权出资等。

以实物资产、土地使用权和知识产权出资时，应当满足特定的条件，共性的条件是“作价公平合理”。

吸收知识产权等无形资产出资的风险较大。因为以知识产权投资，实际上是把技术转化为资本，使技术的价值固定化了。而技术具有较强的时效性，会因技术发展而老化、落后，导致实际价值不断减少甚至完全丧失。

股东或者发起人不得以劳务、信用、自然人姓名、商誉、特许经营权或者设定担保的财产等作价出资。

（三）吸收直接投资的筹资特点

吸收直接投资的筹资特点如下：

1. 能够尽快形成生产能力

吸收直接投资不仅可以取得一部分货币资金，而且能够直接获得所需的先进设备和技术，尽快形成生产经营能力。

2. 容易进行信息沟通

吸收直接投资的投资者比较单一，股权没有社会化、分散化，投资者甚至于直接担任公司管理层职务，公司与投资者易于沟通。

3. 资本成本较高

相对于股票筹资方式来说，吸收直接投资的资本成本较高。当企业经营较好，盈利较多时，投资者往往要求将大部分盈余作为红利分配，因为向投资者支付的报酬是按其出资数额和企业实现利润的比率来计算的。不过，吸收投资的手续相对比较简便，筹资费用较低。

4. 公司控制权集中，不利于公司治理

采用吸收直接投资方式筹资，投资者一般都要求获得与投资数额相对应的经营管理权。如果某个投资者的投资额占比较大，则该投资者对企业的经营管理就有相当大的控制权，容易损害其他投资者的利益。

5. 不易进行产权交易

吸收投入资本由于没有证券为媒介，不利于产权交易，难以进行产权转让。

二、发行普通股股票

股票是股份有限公司为筹措股权资本而发行的有价证券，是公司签发的证明股东持有公司股份的凭证。股票作为一种所有权凭证，代表着对发行公司净资产的所有权。股票只能由股份有限公司发行。

（一）股票的特点

股票的特点如表4–14所示。

表4–14　股票的特点

特点	内容
永久性	发行股票所筹资金属于公司的长期自有资金，没有期限，不需归还

续 表

特点	内容
流通性	股票特别是上市公司的股票具有很强的变现能力，流动性很强
风险性	股票价格的波动性、红利的不确定性、破产清算时股东处于剩余财产分配的最后顺序等
参与性	股东作为股份公司的所有者，拥有参与公司管理的权利

（二）股东的权利

股东最基本的权利是按投入公司的股份额，依法享有公司收益获取权、公司重大决策参与权和选择公司管理者的权利，并以其所持股份为限对公司承担责任。股东权利如表4–15所示。

表4–15　股东权利

公司管理权	股东对公司的管理权主要体现在重大决策参与权、经营者选择权、财务监控权、公司经营的建议和质询权、股东大会召集权等方面
收益分享权	股东有权通过股利方式获取公司的税后利润，利润分配方案由董事会提出并经过股东大会批准
股份转让权	股东有权将其所持有的股票出售或转让
优先认股权	原有股东拥有优先认购本公司增发股票的权利
剩余财产要求权	当公司解散、清算时，股东有对清偿债务、清偿优先股股东以后的剩余财产索取的权利

（三）股票的种类

股票按不同标志进行分类如表4–16所示。

表4–16　股票种类

标志	类型	说明
股东权利与义务	普通股	公司发行的代表着股东享有平等权利、义务，不加特别限制的，股利不确定的股票。普通股是公司最基本的股票，股份有限公司通常情况下只发行普通股
	优先股	公司发行的相对于普通股具有一定优先权的股票，其优先权利主要表现在股利分配优先权和分取剩余财产优先权上
票面是否记名	记名股票	股票票面上记载有股东姓名或将名称记入公司股东名册的股票

续　表

标志	类型	说明
票面是否记名	无记名股票	不登记股东名称，公司只记载股票数量、编号及发行日期
发行对象和上市地点	A股	境内发行、境内上市交易，以人民币标明面值，以人民币认购和交易
	B股	境内公司发行，境内上市交易，以人民币标明面值，以外币认购和交易
	H股	注册地在内地，在香港上市的股票
	N股	注册地在内地，在纽约上市的股票
	S股	注册地在内地，在新加坡上市的股票

（四）股票的发行方式

股票的发行方式分为公开间接发行和不公开直接发行两种方式，具体特点如表4–17所示。

表4–17　　股票的发行方式

方式	公开间接发行	不公开直接发行
含义	通过中介机构，公开向社会公众发行	不公开，只向少数特定的对象直接发行
优点	①发行范围广，对象多，易足额筹集资本； ②股票变现性强，流通性好； ③提高发行公司的知名度和扩大影响力	弹性较大，发行成本低
缺点	手续烦琐，发行成本高	发行范围小，股票变现性差

（五）股票上市交易

1.股票上市的优缺点

股票上市的优缺点如表4–18所示。

表4–18　　股票上市的优缺点

优点	①便于筹措新资金； ②促进股权流通和转让； ③便于确定公司价值
缺点	①上市成本较高，手续复杂严格； ②公司将负担较高的信息披露成本； ③信息公开的要求可能会暴露公司商业机密； ④股价有时会歪曲公司的实际情况，影响公司声誉； ⑤可能会分散公司的控制权，造成管理上的困难

2. 股票上市的条件

公司公开发行的股票进入证券交易所交易，必须受严格的条件限制。《中华人民共和国证券法》规定，股份有限公司申请股票上市，应当符合下列条件：

①股票经国务院证券监督管理机构核准已公开发行；

②公司股本总额不少于人民币3000万元；

③公开发行的股份达到公司股份总数的25%以上；公司股本总额超过人民币4亿元的，公开发行股份的比例为10%以上；

④公司最近3年无重大违法行为，财务会计报告无虚假记载。

上市公司股票发行形式如图4–5所示。

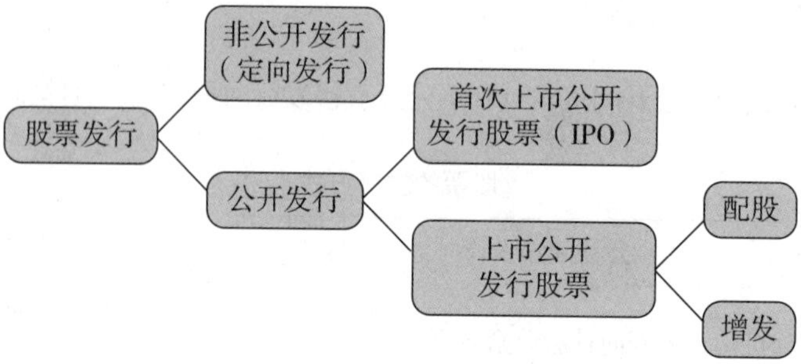

图4–5　上市公司股票发行形式

上市公司股票发行形式说明如表4–19所示。

表4–19　上市公司股票发行形式说明

形式	分类	说明
公开发行	首次上市公开发行股票（IPO）	指股份有限公司对社会公开发行股票并上市流通和交易
	上市公开发行股票	指股份有限公司已经上市后，通过证券交易所在证券市场上对社会公开发行股票。包括增发和配股两种方式； 增发——增资发行，即上市公司向社会公众发售股票的再融资方式； 配股——上市公司向原有股东配售股票的再融资方式
非公开发行	上市公司非公开发行股票，是指上市公司采用非公开方式，向特定对象发行股票的行为，也叫定向募集增发。 上市公司定向增发的优势： ①有利于引入战略投资者和机构投资者； ②有利于利用上市公司的市场化估值溢价，将母公司资产通过资本市场放大，从而提升母公司的资产价值； ③定向增发是一种主要的并购手段，特别是资产并购型定向增发，有利于集团企业整体上市，并同时减轻并购的现金流压力	

（六）发行普通股筹资的特点

发行股票的筹资特点如下：

1. 两权分离，有利于公司自主经营管理

公司通过对外发行股票筹资，公司的所有权与经营权相分离，分散了公司控制权，有利于公司自主管理、自主经营。通过普通股筹资的公司往往股东众多，公司的日常经营管理事务主要由公司的董事会和经理层负责。公司的控制权分散，也容易被经理人控制。

2. 资本成本较高

由于股票投资的风险较大，收益具有不确定性，投资者就会要求较高的风险补偿。因此，股票筹资的资本成本较高。

3. 能增强公司的社会声誉，促进股权流通和转让

发行普通股进行筹资时，股东的大众化为公司带来了广泛的社会影响。特别是上市公司，其股票的流通性强，有利于市场确认公司的价值。普通股筹资以股票作为媒介，便于股权的流通和转让，吸收新的投资者。

4. 不易及时形成生产能力

普通股筹资吸收的一般都是货币资金，还需要通过购置和建造形成生产经营能力。相对吸收直接投资方式来说，不易及时形成生产能力。

三、留存收益

留存收益筹资途径及特点如表4-20所示。

表4-20　　留存收益筹资途径及特点

筹资途径	①提取盈余公积。 ②未分配利润
筹资特点	①不会发生筹资费用。 ②维持公司的控制权分布。 ③筹资数额有限

四、股权筹资的优缺点

股权筹资的优缺点如表4-21所示。

表 4–21 股权筹资的优缺点

优点	是企业稳定的资本基础	股权资本没有固定的到期日，无须偿还，是企业的永久性资本，除非企业清算时才有可能予以偿还
	是企业良好的信誉基础	股权资本作为企业最基本的资本，代表了公司的资本实力，是企业与其他单位组织开展经营业务、进行业务活动的信誉基础
	有助于降低财务风险	股权资本不用在企业正常营运期内偿还，不存在还本付息的财务风险
缺点	资本成本负担较重	股权筹资的资本成本要高于债务筹资
	控制权变更可能影响企业长期稳定发展	利用股权筹资，引进了新的投资者或者出售了新的股票，会导致公司控制权结构的改变，而控制权变更过于频繁，又势必影响公司管理层的人事变动和决策效率，影响公司的正常经营
	信息沟通与披露成本较大	特别是上市公司，其股东众多而分散，只能通过公司的公开信息披露了解公司状况，这就需要公司花更多的精力，有些还需要设置专门的部门，用于公司的信息披露和投资者关系管理

章节知识演练

扫码查答案

1.（单选题）与股票筹资相比，下列各项中，属于债务筹资缺点的是（　　）。

A. 财务风险较大

B. 资本成本较高

C. 稀释股东控制权

D. 筹资灵活性较小

2.（单选题）与“发行普通股股票”的筹资方式相比，下列各项中，哪一项是“吸收直接投资”的缺点（　　）。

A. 限制条件多

B. 财务风险大

C. 控制权分散

D. 资本成本高

3.（单选题）下列各项中，不属于普通股股东拥有的权利是（　　）。

A. 优先认股权

B. 优先分配收益权

C. 股份转让权

D. 剩余财产要求权

4.（单选题）下列关于留存收益筹资的表述中，错误的是（　　）。

A. 留存收益筹资可以维持公司的控制权结构

B. 留存收益筹资不会发生筹资费用，因此没有资本成本

C. 留存收益来源于提取的盈余公积金和留存于企业的利润

D. 留存收益筹资有企业的主动选择，也有法律的强制要求

5.（单选题）与股票筹资相比，下列各项中，属于留存收益筹资特点的是（　　）。

A. 资本成本较高

B. 筹资费用较高

C. 稀释原有股东控制权

D. 筹资数额有限

6.（多选题）留存收益是企业内源性股权筹资的主要方式，下列各项中，属于该种筹资方式特点的有（　　）。

A. 筹资数额有限

B. 不存在资本成本

C. 不发生筹资费用

D. 改变控制权结构

7.（案例分析题）

迪士尼全称是The Walt Disney Company，取名自其创始人华特·迪士尼，是总部设在美国的大型跨国公司，主要业务包括娱乐节目制作、主题公园、玩具、图书、电子游戏和传媒网络。试金石电影公司，米拉麦克斯电影公司，好莱坞电影公司，博伟影视公司，ESPN体育，美国广播公司都是其旗下的公司。迪士尼，作为一个娱乐品牌，在2005年Interbrand/BusinessWeek 的世界100强品牌中排名第7。它的主题公园和旅游胜地这一部分产生的收入占其总收入的40%左右，电影业约占40%，消费品占20%。迪士尼乐园成为很多人向往的地方，迪士尼制作的许多电影也深受广大观众喜爱，其最具代表性的唐老鸭、米老鼠、维尼熊等动漫形象流行至今。

1993年7月，迪士尼公司决定增发100年期长期债券。迪士尼公司资本状况稳健，长期负债被穆迪公司评级为A1级，被标准普尔公司评为AA级。过去几年中，利率在下降，接近过去20年来最低水平。这使长期负债的发行具有较强的吸引力。众多投资者开始相信，美国已控制住了通货膨胀，长期利率不可能回到20世纪80年代初期的高水平。他们认为由于长期国债收益率（30年期债券为6.40%）与预计的通货膨胀率（3%）之间的差距，按历史标准看已相对很高，所以长期利率可能进一步下跌。因此，100年期的长期债券在几年前几乎是不可想象的，但根据迪士尼公司在摩根斯坦利公司

的投资银行家顾问的看法，现在是可能的。

若迪士尼公司发行100年期长期债券，它希望保留一些灵活性，以便能在到期以前就赎回。摩根斯坦利公司建议迪士尼公司发行本金数额为3亿美元的100年期长期债券，自发行日起30年后开始，债券可提前偿还。利息成本为年利率7.55%。首次的提前偿债价格将是面值的103.02%。从发行日起的50年后开始，提前偿还价格将逐步下降直至面值。

问题：

（1）债券的收益率和期限有什么关系？

（2）迪士尼选择发行超长期债券的原因。

（3）迪士尼债券收益率较高的原因。

第五章　财务预测与资本结构决策

第一节　资金需要量的预测

实训目标

知识教学目标

掌握销售百分比法，理解因素分析法

能力培养目标

能够通过相关要素对公司的资金需要量进行粗略的预测

思想教育目标

将所学理论与公司的实际筹资工作相结合

案例引入

杉杉集团的资本扩张及资本结构调整[①]

1989年，杉杉集团的前身——宁波甬港服装总厂生产经营发生严重亏损，资不抵债，总资产不足500万元，职工300余人，濒临破产。1999年，杉杉集团奇迹般发展成为拥有总资产19亿元，净资产9亿元，年销售额22个亿，拥有40余家分、子公司，5000余名员工，列入国务院公布的520户国家重点企业的综合性集团公司。十年来，杉杉集团顺应了时代发展潮流，牢牢抓住了企业资本扩张的每一次历史机遇，并在资本经营上大胆探索，适度负债，合理安排和调整资本结构，保持了企业良好的财务状况。

从杉杉集团的资本结构案例中，有什么是值得借鉴的?

---

① 陈光华．企业的资本扩张及资本结构调整——浅谈杉杉集团的财务策划 [J]. 浙江财税与会计，2000（3）:41–42.

知识准备

筹资数量过多或过少都会给企业造成不良影响，具体如图5-1所示，所以需要对资金需要量进行预测。

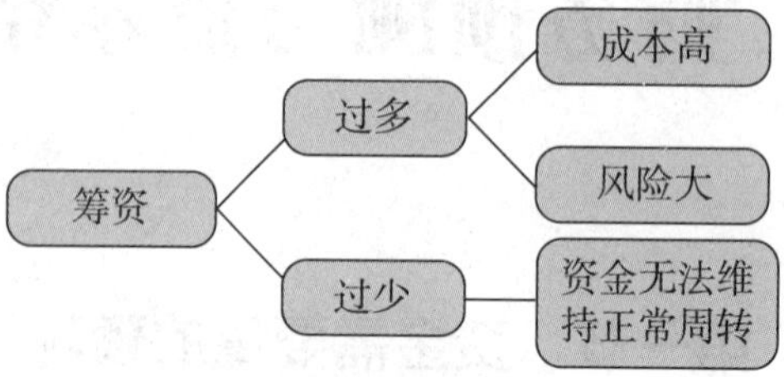

图5-1　筹资数量过多或过少的影响

一、因素分析法

因素分析法含义、计算公式、特点及适用范围如表5-1所示。

表5-1　因素分析法含义、计算公式、特点及适用范围

含义	又称分析调整法，是以有关项目基期年度的平均资金需要量为基础，根据预测年度的生产经营任务和资金周转加速的要求，进行分析调整，来预测资金需要量的一种方法
计算公式	资金需要量=（基期平均资金占用额-不合理资金占用额）×（1±预测期销售增减率）×（1±预测期资金周转速度变动率）
特点	计算简便，容易掌握，但预测结果不太精确
适用范围	用于品种繁多、规格复杂、资金用量较小的项目

注：因素分析法是假设销售增长与资金需用量同向变动；资金周转速度与资金需用量反向变动。

例5-1　某公司上年度资金平均占用额为22000万元，以该年度为基准进行分析，其中不合理部分为2000万元，预计2015年销售增长15%，资金周转减速2%。

要求：确定本年度资金需要量。

预测年度资金需要量=（22000-2000）×（1+15%）×（1+2%）=23460（万元）

例5-2　甲企业本年度资金平均占用额为3500万元，经分析，其中不合理部分为500万元。预计下年度销售下降5%，资金周转速度会下降2%。

要求：确定下年度资金需要量。

预测下年度资金需要量=（3500-500）×（1-5%）×（1+2%）=2907（万元）

二、销售百分比法

销售百分比法：根据销售与资产负债表和利润表有关项目间的比例关系，预测各项目短期资金需要量，确定外部筹资数额的一种方法。

（一）假设前提

销售百分比法的主要假设有：

①假定某项目与销售的比例已知且固定不变；

②假定未来销售预测已完成。

（二）基本方法

第一步，假设收入、费用、资产、负债与销售收入存在稳定的百分比关系。

第二步，根据销售额和销售百分比预计资产、负债和所有者权益。

第三步，用会计等式确定筹资需求，即通过预计利润表预测企业留存利润，作为企业内部资金来源的增加额；通过预计资产负债表预测企业筹资总规模与外部筹资规模。

注：敏感项目是指随销售额的变动而同步变动的项目。

经营性资产（亦称为敏感资产）项目包括现金、应收账款、存货等项目。

经营性负债（亦称为敏感负债）项目包括应付票据、应付账款等项目，不包括短期借款、短期融资融券、长期负债等筹资性负债。

经营性资产和经营性负债是随生产经营自然产生的。

分析过程：

资产　=　负债 + 所有者权益

↓　　　　↓

资产的形态　　资金的来源

当增加的资产大于增加的负债和增加的留存收益（内部资金来源）时，就要进行筹资。

外部融资需求量 = 增加的经营性资产 – 增加的经营性负债 – 增加的留存收益

（增加的经营性资产 – 增加的经营性负债）↓

增加的资金需要量

例5-3 某公司2014年实现销售额39000万元，销售净利率为10%，并按净利润的60%作为留存收益，假定该公司的固定资产利用能力已经饱和。相关数据如表5-2所示。

表5-2 某公司2014年资产负债表相关数据

资产	金额（万元）	与销售关系（%）	负债与权益	金额（万元）	与销售关系（%）
货币资金	3900	10	短期借款	3000	N
应收账款	7800	20	应付票据	1950	5
预付账款	1950	5	应付账款	11700	30
存货	11700	30	应付债券	0	N
固定资产	2600	N	实收资本	9000	N
无形资产	9000	N	留存收益	11300	N
合计	36950	—	合计	36950	—

预计将销售额提高到20%，2015年应筹资多少？

增量收入 =39000×20%=7800（万元）

增加的经营性资产－增加的经营性负债=7800×65%–7800×35%=2340（万元）

外部融资需求量=2340–7800×10%×60%=1872（万元）

第二节 资本成本与资本结构选择

实训目标

知识教学目标

了解资本结构的含义，掌握个别资本成本的计算

能力培养目标

使学生掌握资本成本、资本结构，并能融入以后的工作学习之中

思想教育目标

认识到资本结构、资本成本的重要性，重视这些理论在现实工作中的作用

案例引入

1989年，宁波甬港服装总厂为摆脱困境。实施了以建立现代企业制度为核心的重大改革，明确了企业财务主体地位。十年来，在资本经营道路上走了三大步。

第一步是以品牌经营为突破口，实现资本原始积累。纵观全球500强，无一例外

均是首先在产品经营上成功的企业。1989年，面对一片萧条的国内西服市场，杉杉集团进行了广泛深入的市场调查，通过深刻细致的分析研究，意识到国外经久不衰的轻、软、挺、薄、耐水洗的新概念西服，必将在国内市场掀起一次浪潮。杉杉人抓住机遇，举债经营，引进当时国内首屈一指的法国杜克普西服生产流水线，扩大生产规模，成为当时国内最大西服生产企业之一。同时，提出创名牌战略，实施品牌经营，由此进入了资本积累的良性循环，在以后几年中，国内市场占有率一直保持在30%左右，连续数年获“心目中理想品牌”“购物首选品牌”“实际购买品牌”三项排名第一；1998年在中国服装协会排名中，名列全国服装行业利税总额第一，产品销售收入第二；1999年全面建成的总投资额3亿多元的杉杉工业城是目前全国服装界较先进的生产基地；杉杉人在国内最先实行全自动、全封闭、全吊挂的恒温、恒湿的西服生产，国内服装界的龙头地位进一步巩固，完成了杉杉集团原始资本积累，为进一步资本扩张奠定了基础。

第二步是适时进行股份制改造。全球500强中的工业企业，95%以上采用股份制，股份制改造是不可抗拒的历史潮流。杉杉人在企业规模不断扩大、销售高速增长、效益连年翻番之际，审时度势，把握时机，联合中国服装设计研究中心（集团）、上海市第一百货商店股份有限公司于1992年年底进行企业股份制改造，共同发起设立宁波杉杉股份有限公司，使企业的资本获得迅速扩张，成为国内服装行业的第一家进行规范化股份制改造的企业，取得了资本快速扩张的通行证。

第三步是争取上市，进入资本扩张的快车道。运用股票这一金融工具，进行证券融资和投资活动是市场经济条件下企业取得资本快速扩张的最直接途径。1996年1月，宁波杉杉股份有限公司发行股票的申请获得国家有关机构批准，发行了1300万股，每股以10.88元溢价发行，创股票发行价格最高纪录，筹集权益性资本1.4亿元。同年1月30日，杉杉股票在上海证券交易所挂牌交易，成为我国服装行业中第一家上市的规范化股份公司，在以后的几年中，凭着公司优良的业绩和对股东的丰厚回报，宁波杉杉股份有限公司的几次增资配股均获得成功，杉杉资本急剧扩大。

知识准备

一、资本成本

（一）资本成本的含义、内容

资本成本是指企业为筹集和使用资本而付出的代价，包括筹资费用和占用费用，如图5-2所示。

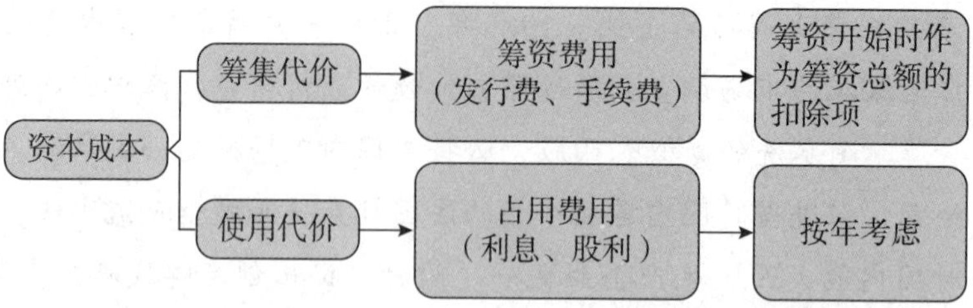

图5–2 资本成本组成

宁波杉杉股份有限公司发行股票，要支付发行费和手续费等，这是筹资费用。占用投资者的资金对公司进行经营，要支付股利；该公司向银行借款，每年支付利息，这些是占用费用。

（二）资本成本的作用

资本成本的作用：

①资本成本是比较筹资方式、选择筹资方案的依据；

②平均资本成本是衡量资本结构是否合理的依据；

③资本成本是评价投资项目可行性的主要标准；

④资本成本是评价企业整体业绩的重要依据。

（三）影响资本成本的因素

影响资本成本的因素如表5–3所示。

表5–3 影响资本成本的因素

因素	具体体现指标	影响
总体经济环境	无风险报酬率	如果国民经济保持健康、稳定、持续增长，整个社会经济的资金供给和需求相对均衡且通货膨胀水平低，资本成本相应就比较低；反之，则资本成本高
资本市场条件	资本市场的效率，证券市场的流动性	如果资本市场缺乏效率，证券的市场流动性低，投资者投资风险大，资本成本就比较高
企业经营状况和融资状况	经营风险、财务风险	如果企业经营风险高，财务风险大，则企业总体风险水平高，投资者要求的预期报酬率大，企业筹资的资本成本相应就大
企业对筹资规模和时限的需求	筹资规模，使用资金时间长度	企业一次性需要筹集的资金规模大、占用资金时限长，资本成本就高

（四）资本成本率

资本成本率是指企业占用费用与有效筹资额之间的比率，通常用百分比来表示。

1.资本成本率计算的通用公式

资本成本率=占用费用/（筹资总额－筹资费用）×100%

=占用费用/［筹资总额×（1－筹资费用率）］×100%

2.债券及借款的资本成本率计算

注：根据企业所得税法的规定，企业债务的利息允许从税前利润中扣除，从而可以抵免企业所得税。

真正由企业自己负担的利息=利息－利息×所得税税率=利息×（1－所得税税率）

一般模式：

债务资本成本率=[年利息×（1－所得税税率）]/[筹资额×（1－筹资费率）]

$$K_{借款}=［本金\times i\times（1-t）］/［本金\times（1-f）］=i\times（1-t）/（1-f）$$

$$K_{债券}=［面值\times i\times（1-t）］/［发行价格\times（1-f）］$$

式中，i为利率，t为所得税税率，f为筹资费率。

例5-4　假设杉杉集团取得5年期长期借款200万元，年利率10%，每年付息一次，到期一次还本，借款费用率为0.2%，企业所得税税率为20%。利用一般模式，计算借款的资本成本率。

借款的资本成本K_b=10%×（1－20%）/（1－0.2%）=8.02%。

例5-5　假设杉杉集团2018年拟发行公司债券，以110元的价格，溢价发行面值为100元、期限3年、票面利率为7%的公司债券一批。每年付息一次，到期一次还本，发行费用率为3%，所得税税率为20%。要求利用一般模式，计算该债券的资本成本率。

$$K_s=\frac{100\times 7\%\times（1-20\%）}{110\times（1-3\%）}=5.25\%$$

3.普通股资本成本

①股利增长模型法。

$$K_s=\frac{D_0（1+g）}{P_0（1-f）}+g=\frac{D_1}{P_0（1-f）}+g$$

式中，P_0为发行价，D_0为本年股利，D_1为第1年股利，g为股利增长率，f为发行费率。

如果公司实行固定股利政策，

$$K_c=\frac{D}{P}$$

式中，D为每股股利，P为普通股的市场价格。

例5–6 假设宁波杉杉股份有限公司普通股市价30元，筹资费用率2%，本年发放现金股利每股0.6元，预期股利年增长率为10%，计算普通股资本成本。

$$K_s=\frac{0.6\times(1+20\%)}{30\times(1-2\%)}+10\%=12.24\%$$

②资本资产定价模型法。

$$K_s=R_s=R_f+\beta\times（R_m-R_f）$$

式中，R_f为无风险报酬率，R_m为市场组合的平均收益率。

例5–7 假设宁波杉杉股份有限公司普通股β系数为1.5，此时一年期国债利率为5%，市场平均报酬率为15%，则该普通股资本成本率为：

K_s=5%+1.5×（15%–5%）=20%

4.留存收益资本成本

计算方法与普通股成本相同，也分为股利增长模型法和资本资产定价模型法，不同点在于不考虑筹资费用。

例5–8 假设宁波杉杉股份有限公司普通股目前的股价为25元/股，筹资费率为6%，刚刚支付的每股股利为2元，股利固定增长率为2%，则该企业利用留存收益的资本成本为多少？

留存收益资本成本=[2×（1+2%）/25]×100%+2%=10.16%。

注：个别资本成本从低到高的排序：

长期借款<债券<融资租赁<留存收益<普通股

二、资本结构

（一）资本结构的含义

资本结构是指企业全部资本的构成及其比例关系。企业一定时期的资本既可分为债务资本和股权资本，也可分为短期资本和长期资本。一般而言，资本结构包括债务资本与股权资本的结构、长期资本与短期资本的结构，以及债务资本、长期资本和股权资本的内部结构等。

（二）最佳资本结构

企业资本结构决策是结合企业有关情况，分析有关因素的影响，运用一定方法确定最佳资本结构。从理论上讲，最佳资本结构是指企业在适度财务风险的条件下，使其预期的综合资本成本率最低，同时企业价值最大的资本结构，它应作为企业的目标资本结构。

（三）影响资本结构的因素

影响资本结构的因素如表5-4所示。

表5-4 影响资本结构的因素

影响因素	说明
企业经营状况的稳定性和成长率	如果产销业务稳定，同时产销业务量能够以较高的水平增长，企业可以采用高负债的资本结构
企业的财务状况和信用等级	企业财务状况良好，信用等级高，债权人愿意向企业提供信用，企业容易获得债务资本
企业资产结构	拥有大量固定资产的企业主要通过长期负债和发行股票融通资金；拥有较多流动资产的企业更多地依赖流动负债融通资金；有资产适用于抵押贷款的企业负债较多；以技术研发为主的企业则负债较少
企业投资人和管理当局的态度	如果股东重视控制权问题，企业一般尽量避免普通股筹资；稳健的管理当局偏好于选择低负债比例的资本结构
行业特征和企业发展周期	产品市场稳定的成熟产业经营风险低，因此可提高债务资本比重，发挥财务杠杆作用；高新技术企业产品、技术、市场尚不成熟，经营风险高，因此可降低债务资本比重，控制财务风险
	企业初创阶段，经营风险高，在资本结构安排上应控制负债比例；企业发展成熟阶段，产品产销业务量稳定和持续增长，经营风险低，可适度增加债务资本比重，发挥财务杠杆效应；企业收缩阶段，产品市场占有率下降，经营风险逐步加大，应逐步降低债务资本比重
税务政策和货币政策	当所得税税率较高时，债务资本的抵税作用大，企业充分利用这种作用以提高企业价值；当国家执行了紧缩的货币政策时，市场利率较高，企业债务资本成本增大

注：从理论上讲，最佳资本结构是存在的，但由于企业内部条件和外部环境的经常性变动，动态地保持最佳资本结构十分困难。

（四）资本结构选择方法

1.资本成本比较法

资本成本比较法是指在适度财务风险的条件下，测算可供选择的不同资本结构或筹资组合方案的综合资本成本率，并以此为标准相互比较，确定最佳资本结构的方法。

企业筹资可分为创立初期的初始筹资和发展过程中的追加筹资两种情况。相应地，企业的资本结构决策可分为初始筹资的资本结构决策和追加筹资的资本结构决策。

①初始筹资的资本结构决策。

测算各种筹资方式的筹资额与筹资总额的比率及综合资本成本率。

比较各个筹资组合方案的综合资本成本率并作出选择。

②追加筹资的资本结构决策。

企业追加筹资可有多个筹资组合方案供选择。按照最佳资本结构的要求，在适度财务风险的前提下，企业选择追加筹资组合方案可用两种方法：一是直接测算各备选追加筹资方案的边际资本成本率，从中选择最佳筹资组合方案；二是分别将各备选追加筹资方案与原有最佳资本结构汇总，测算各个追加筹资方案下汇总资本结构的综合资本成本率，从中选择最佳筹资方案。

优点：容易理解，过程简单。

缺点：没有具体测算财务风险因素，实质上不是公司价值最大化。

资本成本比较法一般适用于资本规模较小、资本结构较为简单的非股份制企业。

2. 每股收益分析法

①每股收益分析法定义。

每股收益分析法是利用每股收益无差别点来进行资本结构决策的方法。每股收益无差别点是指两种或两种以上筹资方案下普通股每股收益相等时的息税前利润点，亦称息税前利润平衡点，有时亦称筹资无差别点。

②关键指标——每股收益的无差别点。

每股收益的无差别点是指不同筹资方式下每股收益都相等时的息税前利润或业务量水平。

某筹资方案的每股收益=另一种筹资方案的每股收益，选取二者交点即为无差别点，如图5-3所示。

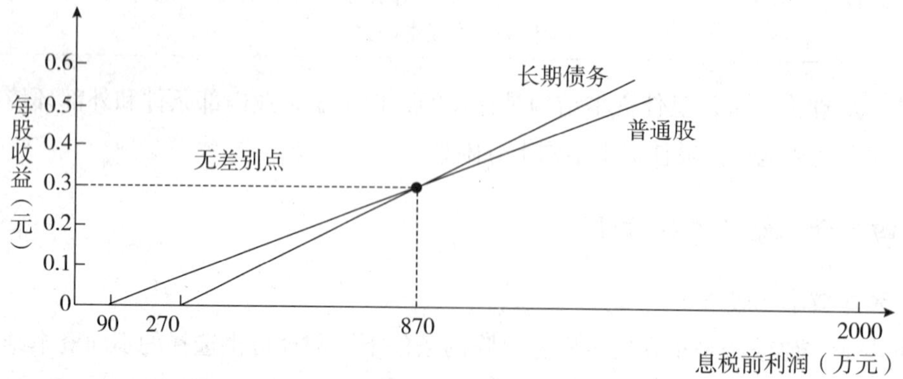

图5-3　每股收益无差别点图示

③决策原则。

预计的EBIT>无差别点EBIT，选择财务杠杆效应较大的方案；

预计的EBIT=无差别点EBIT，都可；

预计的EBIT<无差别点EBIT，选择财务杠杆效应较小的方案。

④计算公式。

$$\frac{(\overline{EBIT}-I_1)(1-T)}{N_1}=\frac{(\overline{EBIT}-I_2)(1-T)}{N_2}$$

式中，$\overline{EBIT}$ 表示每股收益无差别点；I_1和I_2表示两种筹资方式下的债务利息；N_1和N_2表示两种筹资方式下的普通股股数；T表示所得税税率。

每股收益分析法的测算原理比较容易理解，测算过程较为简单。它以普通股每股收益最高为决策标准，没有具体测算财务风险因素，其决策目标实际上是股东财富最大化或股票价值最大化，而不是公司价值最大化，可用于资本规模不大、资本结构不太复杂的股份有限公司。

例5–9　假设BF公司目前资本结构如下：总资本1000万元，其中债务资本400万元（年利息40万元），普通股资本600万元（600万股，面值1元，市价5元）。企业由于有一个较好的新投资项目，需要追加筹资300万元，有两种筹资方案。

甲方案：向银行取得长期借款300万元，利息率16%。

乙方案：增发普通股100万股，每股发行价3元。

根据财务人员测算，追加筹资后销售额有望达到1200万元，变动成本率为60%，固定成本为200万元，所得税税率为20%，不考虑筹资费用因素。

要求：（1）计算每股收益无差别点；

（2）计算分析两个方案处于每股收益无差别点时的每股收益，并指出其特点；

（3）根据财务人员有关追加筹资后的预测，帮助企业进行决策；

（4）根据财务人员有关追加筹资后的预测，分别计算利用两种筹资方式的每股收益为多少。

答案：（1）计算每股收益无差别点

$$\frac{(\overline{EBIT}-40)\times(1-20\%)}{600+100}=\frac{(\overline{EBIT}-40-48)\times(1-20\%)}{600}$$

$$\overline{EBIT}=\frac{700\times 88-600\times 40}{700-600}$$

$\overline{EBIT}=376$（万元）

（2）计算每股收益无差别点时两种方案的每股收益

$EPS_{股}$=（376–40）×（1–20%）/（600+100）=0.384（元）

$EPS_{债}$=（376–40–48）×（1–20%）/600=0.384（元）

在每股收益无差别点上，两个方案的每股收益相等，均为0.384元。

（3）决策

预计的息税前利润=1200−1200×60%−200=280（万元）

由于筹资后的息税前利润小于每股收益无差别点，因此应该选择财务风险较小的乙方案。

（4）计算两种筹资方式的每股收益

$EPS_{股}$=（280−40）×（1−20%）/（600+100）=0.274（元/股）

$EPS_{债}$=（280−40−48）×（1−20%）/600=0.256（元/股）

3.公司价值比较法

公司价值比较法是在充分反映公司财务风险的前提下，以公司价值的大小为标准，经过测算确定公司最佳资本结构的方法。公司价值等于其长期债务和股票的折现价值之和。与上述两种测算方法相比，这种测算方法比较合理，也比较现实。它至少有两个优点：一是从公司价值的内容来看，它不仅包括公司股票的价值，还包括公司长期债务的价值；二是从公司净收益的归属来看，它属于公司的所有者，即属于股东。

与资本成本比较法和每股收益分析法相比，公司价值比较法充分考虑了公司的财务风险和资本成本等因素的影响，资本结构的决策以公司价值最大化为标准，更符合公司价值最大化的财务目标，但其测算原理及测算过程较为复杂，通常适用于资本规模较大的上市公司。

最佳资本结构选择在实际应用中难度很大，需要结合经济形势、产业模式、自身经营等多方面进行考量。

第三节　杠杆效应

实训目标

知识教学目标

了解资本结构的含义，掌握经营杠杆和财务杠杆的计算

能力培养目标

使学生掌握杠杆效应的特性，并能融入以后的工作学习之中

思想教育目标

认识到杠杆效应的重要性，重视这些理论在现实工作中的作用

案例引入

宁波杉杉股份有限公司在财务策划中，始终根据本企业的实际情况合理安排和调整资本结构，追求企业权益资本净利率最高、企业价值最大而综合资本成本最低的资本结构，保持企业良好的财务状况。

在产品经营期间，积极增加负债，获取财务杠杆收益。宁波杉杉股份有限公司在股份制改造初期，通过实施品牌经营，使企业资产净利润率高达28%。在此期间，企业的财务策划以增加财务杠杆收益为出发点，采用积极型筹资策略，提高债务比重，同时加强管理，降低资金成本，减少筹资风险，从而提高了权益资本收益率，获取了较大的财务杠杆收益，为企业快速完成资本原始积累做出了积极贡献。1992年年底，企业总资本达3920万元，其中长期负债为1080万元，净利润为720万元，资本净利润率为18.4%，权益资本收益率为25.4%。至1995年年底，企业总资本增加至36720万元。其中长期负债为13800万元，占总资本的37.6%，净利润为6790万元，资本净利润率为18.5%，权益资本收益率上升为29.6%。由此可见，在资本净利润率保持同一水平的基础上，权益资本收益率增加了4.2个百分点，获得了较大的财务杠杆收益。

知识准备

一、杠杆效应与风险

杠杆效应涵盖的内容如图5-4所示。

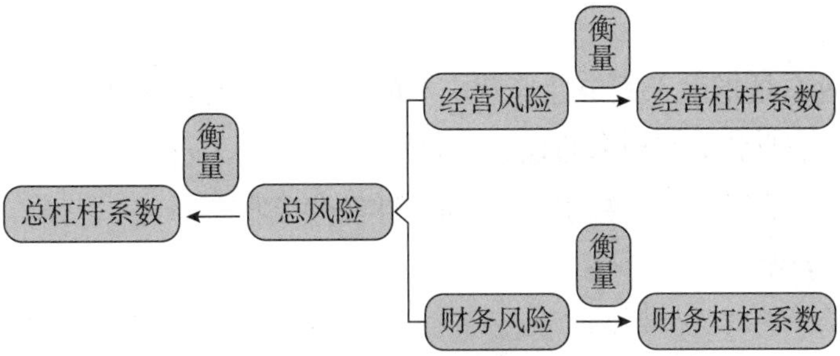

图5-4 杠杆效应涵盖的内容

二、财务管理中的杠杆效应

财务管理中的杠杆效应，是指由于特定固定支出或费用（包括固定性经营成本和固定性资本成本）的存在，当某一财务变量以较小幅度变动时，另一相关财务变量会以较大幅度变动的现象。

前导知识：利润的多种形式及相互关系：

边际贡献（M）= 销售收入 - 变动成本

息税前利润 $EBIT$= 销售收入 - 变动成本 - 固定性经营成本 = 边际贡献（M）- 固定性经营成本（F）

税前利润 EBT= 息税前利润（$EBIT$）- 利息（I）

净利润 =［息税前利润（$EBIT$）- 利息（I）］×［1- 所得税税率（T）］

每股收益 EPS=（净利润 - 优先股股利）/ 普通股股数

与边际贡献相关的概念及公式如表5-5所示。

表5-5　与边际贡献相关的概念及公式

概念	公式	说明
边际贡献	销售收入 - 变动成本	边际贡献 = 单位边际贡献 × 销售量
单位边际贡献	单价 - 单位变动成本	
边际贡献率	边际贡献 / 销售收入 = 单位边际贡献 / 单价	边际贡献率 + 变动成本率 =1
变动成本率	变动成本 / 销售收入 = 单位变动成本 / 单价	

（一）经营杠杆效应

1. 含义

经营杠杆效应是指由于固定性经营成本的存在，而使得企业的资产报酬（息税前利润）变动率大于业务量变动率的现象。

息税前利润 = 销售收入 - 变动成本 - 固定性经营成本

2. 经营杠杆系数

定义公式：

$$DOL=\frac{\triangle EBIT/EBIT_0}{\triangle Q/Q_0}$$

$$=\frac{\text{息税前利润变动率}}{\text{销量变动率}}$$

基期：$EBIT_0$=（P-V）Q_0-F

预计期：$EBIT_1$ =（P-V）Q_1-F

$$\triangle EBIT=(P-V)\triangle Q$$

$$DOL=\frac{\triangle EBIT/EBIT_0}{\triangle Q/Q_0}=\frac{(P-V)\triangle Q/EBIT_0}{\triangle Q/Q_0}$$

$$=(P-V)Q_0/EBIT_0$$

$$=M_0/EBIT_0$$

①定义式：$DOL=\dfrac{\triangle EBIT/EBIT_0}{\triangle Q/Q_0}=\dfrac{\text{息税前利润变动率}}{\text{销量变动率}}$

②计算式：$DOL=\dfrac{M_0}{M_0-F_0}=\dfrac{EBIT_0+F_0}{EBIT_0}$

=基期边际贡献/基期息税前利润

例5–10　杉杉集团的相关年度数据如表5–6所示。

表5–6　杉杉集团的相关年度数据

项目＼时间	2019年9月30日	2015年12月31日	2014年6月30日（基期）
每股息税前利润	–2.17	0.6	0.26
每股营业收入	0.28	2.37	1.9

2019年9月30日，经营杠杆=（–9.35）/（–0.85）=11

变化率均为负，说明经营杠杆反噬企业利润，杠杆是有利有弊的。

2015年12月31日，经营杠杆=131%/25%=5.24

经营杠杆越高，说明经营风险越大，说明杉杉集团在2015年鼎盛时期，就已经蕴藏风险了。

例5–11　假设某公司产销某种电子产品，固定成本为500万元，变动成本率为70%。年产销额为5000万元时，变动成本为3500万元，固定成本为500万元，息税前利润为1000万元；年产销额为7000万元时，变动成本为4900万元，固定成本仍为500万元，息税前利润为1600万元。计算该公司的经营杠杆系数。

DOL=息税前利润变动率/销量变动率=60%/40%=1.5

$DOL=M_0/EBIT_0=(5000-3500)/1000=1.5$

相关数据分析如表5–7所示。

表5-7　相关数据分析

项目	①变动前	②变动后	增加率（②-①）/①
销售收入	5000	7000	40%
变动成本	3500	4900	40%
固定成本	500	500	0
息税前利润	1000	1600	60%

（二）财务杠杆效应

1. 含义

财务杠杆效应是指由于固定性资本成本（利息等）的存在，而使得企业的普通股收益（或每股收益）变动率大于息税前利润变动率的现象。

每股收益 =（净利润 - 优先股股利）/ 普通股股数

$$EPS=\frac{(EBIT-i)\times(1-T)-D}{N}$$

2. 财务杠杆效应的度量指标——财务杠杆系数

定义式：

$$DFL=\frac{\triangle EPS/EPS_0}{\triangle EBIT/EBIT_0}$$

$$=\frac{每股收益变动率}{息税前利润变动率}$$

例5-12　杉杉集团的相关数据比较如表5-8所示。

表5-8　杉杉集团的相关数据比较

项目 \ 时间	2019年9月30日	2015年12月31日	2014年6月30日（基期）
每股收益	-2.00	0.70	0.25
每股息税前利润	-2.17	0.6	0.26

2019年9月30日，财务杠杆 =（-9）/（-9.35）=0.96

2015年12月31日，财务杠杆 =180%/131%=1.37

财务杠杆系数较高，有限资金可以撬动大资金项目，同时隐藏的财务风险也是相当高的。

（三）总杠杆效应

1. 含义

总杠杆效应是指由于固定性经营成本和固定性资本成本的存在，导致普通股每股收益变动率大于产销业务量变动率的现象。

2. 总杠杆系数

$$DTL=DOL\times DFL=(\triangle EBIT/EBIT_0)/(\triangle Q/Q_0)\times(\triangle EPS/EPS_0)/(\triangle EBIT/EBIT_0)$$

3. 结论

总杠杆效应的意义及影响因素如表5–9所示。

表5–9　　总杠杆效应的意义及影响因素

意义	①只要企业同时存在固定性经营成本和固定性资本成本，就存在总杠杆效应； ②总杠杆系数能够说明产销业务量变动对普通股收益的影响，据以预测未来的每股收益水平； ③提示了财务管理的风险管理策略，即要保持一定的风险水平，需要维持一定的总杠杆系数，经营杠杆和财务杠杆可以有不同的组合
影响因素	凡是影响经营杠杆和财务杠杆的因素都会影响总杠杆系数

例5–13　杉杉集团2015年总杠杆效应=5.24×1.37=7.18

经营杠杆、财务杠杆和总杠杆的关系如图5–5所示。

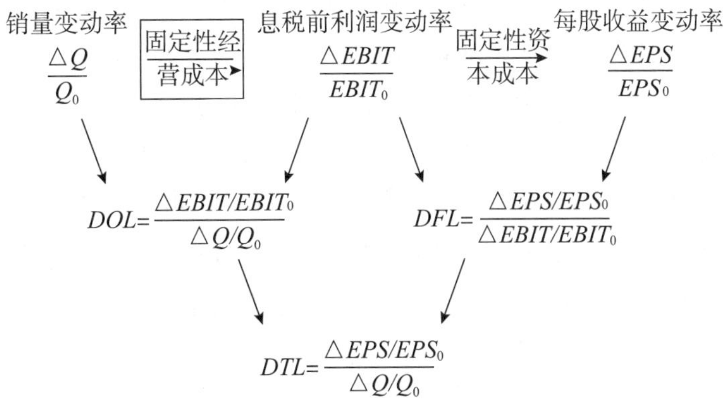

图5–5　经营杠杆、财务杠杆和总杠杆的关系

三、财务管理的风险管理策略

要保持一定的风险水平，需要维持一定的总杠杆系数，经营杠杆和财务杠杆可以有不同的组合。具体如表5-10所示。

表5-10　　不同企业的不同发展阶段杠杆效应区别

状态	种类	经营特征	筹资特点
企业类型	固定资产比重较大的资本密集型企业	经营杠杆系数高，经营风险大	企业筹资主要依靠权益资本，以保持较小的财务杠杆系数和财务风险
	变动成本比重较大的劳动密集型企业	经营杠杆系数低，经营风险小	企业筹资主要依靠债务资本，保持较大的财务杠杆系数和财务风险
发展阶段	初创阶段	产品市场占有率低，产销业务量小，经营杠杆系数大	企业筹资主要依靠权益资本，在较低程度上使用财务杠杆
	扩张成熟期	产品市场占有率高，产销业务量大，经营杠杆系数小	企业资本结构中可扩大债务资本，在较高程度上使用财务杠杆
	收缩阶段	产品市场占有率下降，经营风险逐步加大	逐步降低债务资本比重

随着宁波杉杉股份有限公司股份的上市流通，资本快速扩张，1996年年底总资本达到46700万元，导致1996年至1998年资产净利润率下降至22%。而在此期间，国家大幅度下调信贷利率，使企业的债务成本趋低。该公司决定采用适度负债的中庸型筹资策略，选取综合资金成本最低的方案作为最优资本结构方案。这样，既获取了较大的财务杠杆利益，又不影响所有者对企业的控制权。至1998年12月末，企业总资本达77080万元，其中长期负债11760万元，占总资本的15.3%，比1995年年末的37.6%下降了约22个百分点，而权益资本收益率达28.8%，与1995年年末的29.5%保持相近水平；企业财务信誉大大提高，为企业稳定发展创造了良好的财务环境。

章节知识演练

扫码查答案

1.（计算题）已知某公司2017年销售收入为20000万元，销售净利润率为12%，净利润的60%分配给投资者。2017年12月31日的资产负债表（简表）如表5-11所示。

表5-11　　资产负债表（简表）（2017年12月31日）　　单位：万元

资产	期末余额	负债及所有者权益	期末余额
货币资金	1000	应付账款	1000
应收账款净额	3000	应付票据	2000
存货	6000	长期借款	9000
固定资产净值	7000	实收资本	4000
无形资产	1000	留存收益	2000
资产总计	18000	负债与所有者权益总计	18000

该公司2018年计划销售收入比上年增长30%，为实现这一目标，公司需新增设备一台，价值148万元。据历年财务数据分析，公司流动资产与流动负债随销售额同比率增减。假定该公司2018年的销售净利率和利润分配政策与上年保持一致。

要求：

（1）计算2018年公司需增加的营运资金。

（2）预测2018年需要对外筹集资金量。

2.（计算题）2018年销售收入将比上年增加20%。2017年的销售收入为1800万元，敏感资产和敏感负债占销售收入的百分比分别为58%、13%，销售净利润率为10%，股利支付率为60%。若该公司2018年销售净利润率、股利支付率均保持不变，则2018年该公司应追加资金需要量的数额是多少？

3.（多选题）下列各项因素中，能够影响公司资本成本水平的有（　　）。

A.通货膨胀

B.筹资规模

C.经营风险

D.资本市场效率

4.（多选题）下列（　　）因素变动会使公司资本成本水平提高。

A.通货膨胀水平提高

B.证券市场流动性提高

C.经营风险增大

D.资本市场效率提高

5.（多选题）在计算个别资本成本时，需要考虑所得税抵减作用的筹资方式有（　　）。

A.银行借款

B.长期债券

C.优先股

D.普通股

6.（单选题）某企业发行了期限5年的长期债券10000万元，年利率为8%，每年年末付息一次，到期一次还本，债券发行费率为1.5%，企业所得税税率为25%，该债券的资本成本率为（　　）。

A.6%

B.6.09%

C.8%

D.8.12%

7.（单选题）在不考虑筹款限制的前提下，下列筹资方式中个别资本成本最高的通常是（　　）。

A.发行普通股

B.留存收益筹资

C.长期借款筹资

D.发行公司债券

8.（计算题）A公司拟添置一套市场价格为6000万元的设备，需筹集一笔资金。现有两个筹资方案可供选择（假定各方案均不考虑筹资费用）。

（1）发行普通股。该公司普通股的β系数为2，一年期国债利率为4%，市场平均报酬率为10%。

（2）发行债券。该债券期限10年，票面利率8%，按面值发行。公司适用的所得税税率为25%。时间价值系数表如表5-12所示。

表5-12　　时间价值系数表

K	$(P/F, K, 6)$	$(P/A, K, 6)$
10%	0.5645	4.3553
12%	0.5066	4.1114

要求：

（1）利用资本资产定价模型计算普通股资本成本。

（2）利用非折现模式（即一般模式）计算债券资本成本。

（3）根据以上计算结果，为A公司选择筹资方案。

9.（多选题）下列各项因素中，影响经营杠杆系数计算结果的有（　　）。

A.销售单价

B.销售数量

C.资本成本

D.所得税税率

10.（多选题）下列各项中，影响财务杠杆系数的因素有（　　）。

A.产品边际贡献总额

B.变动成本

C.固定成本

D.财务费用

11.（多选题）在边际贡献大于固定成本的情况下，下列措施中有利于降低企业整体风险的有（　　）。

A.增加产品销量

B.提高产品单价

C.提高资产负债率

D.节约固定成本支出

12.（单选题）某企业某年的财务杠杆系数为2.5，息税前利润（*EBIT*）的计划增长率为10%，假定其他因素不变，则该年普通股每股收益（*EPS*）的增长率为（　　）。

A.4%

B.5%

C.20%

D.25%

13.（计算题）某企业目前的资产总额为5000万元，资产负债率为50%，负债的利息率为10%，全年固定成本和费用总额（含利息）为550万元，净利润为750万元，适用的企业所得税税率为25%。

要求：

（1）计算三个杠杆系数。

（2）预计明年销量增加10%，息税前利润增长率为多少？

14.（判断题）最佳资本结构是使企业筹资能力最强、财务风险最小的资本结构。（　　）

15.（单选题）下列关于最佳资本结构的表述中，错误的是（　　）。

A.最佳资本结构在理论上是存在的

B.资本结构优化的目标是提高企业价值

C.企业平均资本成本最低时，资本结构最佳

D.企业的最佳资本结构应当长期固定不变

第六章　营运资金管理

第一节　营运资金概述

实训目标

知识教学目标

理解营运资金的概念，了解营运资金的管理原则及策略

能力培养目标

培养学生营运资金管理理念

思想教育目标

认识营运资金管理的重要性，为今后的工作打下基础

案例引入

优胜教育被爆资金链断裂①

全国布局的老牌教育机构优胜教育“暴雷”的消息迅速占据各大媒体板块。据悉，除北京外，上海、天津、成都、哈尔滨等多地，均出现家长投诉优胜教育关店后退费无门的问题。

在此次事件中，家长们反映最多的一个问题就是预付的上万元甚至数十万元的学费，遭遇退费无门的尴尬境地。据不完全统计，优胜教育已拖欠438名员工工资，单人最高拖欠金额约15万元。单是北京地区的待退学费已达上亿元，单人最高待退金额达数十万元，这还不包括加盟商追讨的欠款。

① 金融界 . 为时一月的“传言”终于尘埃落定 优胜教育承认资金链断裂 [EB/OL].https://baijiahao.baidu.com/s?id=1683483561206606520&wfr=spider&for=pc，2020-11-16.

优胜教育资金链断裂的原因何在？后疫情时代，企业营运资金管理应该注意哪些问题？

知识准备

一、营运资金的概念及特点

（一）概念

营运资金是指流动资产减去流动负债后的余额。

流动资产包括现金、交易性金融资产、应收账款、预付账款、存货等。

流动负债包括短期借款、应付票据、应付短期融资券、应交税金等。

（二）营运资金的特点

为了有效地管理企业的营运资金，必须研究营运资金的特点，以便有针对性地进行管理。营运资金一般具有以下特点：

①营运资金的来源具有灵活多样性；

②营运资金的数量具有波动性；

③营运资金的周转具有短期性；

④营运资金的实物形态具有变动性和易变现性。

二、营运资金的管理原则

企业的营运资金在全部资金中占有相当大的比重，而且周转期短，形态易变，因此，营运资金管理是企业财务管理工作的一项重要内容。企业进行营运资金管理，应遵循的原则如表6-1所示。

表6-1　营运资金管理原则

保证合理的资金需求	应认真分析生产经营状况，合理确定营运资金的需要数量（营运资金管理的首要任务）
提高资金使用效率	缩短营业周期，加速变现过程，加快营运资金周转
节约资金使用成本	保证生产经营需要的前提下，尽力降低资金使用成本
保持足够的短期偿债能力	合理安排流动资产和流动负债的比例关系，保持流动资产结构与流动负债结构的适配性，保证企业有足够的短期偿债能力

三、营运资金管理策略

企业需要评估营运资金管理中的风险与收益，制定流动资产的投资策略和融资策略，在营运资金管理中必须做好两项决策：

企业运营需要多少营运资金→流动资产投资策略；

如何筹集企业所需营运资金→流动资产融资策略。

两项决策一般同时进行，相互影响。成功的生产经营管理是营运资金管理成功的前提条件，失败的生产经营管理是营运资金管理失败的根本原因。如果企业只注重营运资金自身管理，而不考虑生产经营对营运资金管理的影响，注定是要失败的。

优胜教育此次风波最根本的原因在于其资金管理出现了严重问题，教培机构所收的学费都是预收款，从财务角度上来说没有课消的续费都划为负债，加上优胜教育主营一对一业务，利润率很低，优胜教育把账面上看似丰厚实际不属于收入的资金用于大规模扩张。而快速的扩张，导致教学质量和管理跟不上，后期的现金流进入出现停滞，资金链断裂。

所以，从资金管理的角度上有如下三点建议帮助大家避免出现优胜教育的问题：

①每年利润拿出10%作为风险储备资金以应对突发问题；

②保证账户账面资金时刻处于能支持未来三个月的人工、房租等日常开支必备的金额水平上；

③剩余利润部分再进行扩张投资。

第二节　现金管理

实训目标

知识教学目标

理解持有现金的动机，掌握通过成本模型、存货模型确定现金余额的方法

能力培养目标

培养学生现金管理的常识和能力

思想教育目标

学习现金收支管理，并应用到以后的工作之中

案例引入

优胜教育出现经营困难 金洲慈航终止重组

2020年5月，金洲慈航集团股份有限公司（以下简称金洲慈航）拟以不超过5亿元现金收购陈昊等交易对手方持有的优胜腾飞100%股权时，就引发了深交所关注。

2020年5月25日，深交所下发关于对金洲慈航的关注函，要求金洲慈航说明约定业绩承诺金额的合理性和业绩承诺的可实现性，以及相关交易条款是否符合商业逻辑，是否存在忽悠式重组。

金洲慈航因2018年、2019年连续两个会计年度经审计的净利润为负值，股票于2020年4月30日开市起被实行退市风险警示，公司股票简称由"金洲慈航"变更为"*ST金洲"。金洲慈航公布的2019年年报显示，公司主要有黄金珠宝和融资租赁两大业务，报告期内公司货币资金期末余额为5.93亿元，其中3.28亿元已受限，部分银行账户被冻结；公司逾期未偿还的短期借款总额约29.66亿元，支付及偿债能力较差。

*ST金洲在公告中表示，优胜腾飞对公司的询问函进行了回复，称确实出现了经营困难，年初以来，优胜教育按国家和各省市新冠肺炎疫情防控要求，暂停了门店经营活动，因优胜教育在停业期间租金和人力成本较高，且疫情下公司数月未能实现业务增长，因此出现资金链断裂，导致部分门店未能及时消课和退费，从而引发了家长集体维权。

2020年10月26日，在距金洲慈航发布拟收购优胜腾飞的公告5个月后，这次重大资产重组宣告终止。

金洲慈航在现金管理上存在哪些重大问题？收购优胜腾飞有何目的？

知识准备

现金是变现能力最强的资产，代表着企业直接的支付能力和应变能力，可以用来满足生产经营的各种需要，也是还本付息和履行纳税义务的保证。有价证券是企业现金的一种转换形式，是现金的替代品。

一、持有现金的动机

持有现金出于三种需求，如表6-2所示。

表6-2　　持有现金动机

交易性需求	为了维持日常周转及正常商业活动所需持有
预防性需求	维持一定现金，应付突发事件。企业需掌握的现金额取决于：愿冒现金短缺风险程度；预测现金收支可靠的程度；临时融资能力
投机性需求	持有一定量的现金以抓住突然出现的获利机会。机会大都一闪即逝，若没有用于投机的现金，就会错过机会

注：企业的现金持有量一般小于三种需求下的现金持有量之和，因为为某一需求持有的现金可以用于满足其他需求。

二、目标现金余额的确定

（一）成本模型

成本模型是根据现金有关成本，分析预测其总成本最低时现金持有量的一种方法。最优的现金持有量是使得现金持有成本最小化的持有量。各相关成本如表6-3所示。最佳现金持有量如图6-1所示。

表6-3　　成本模型各相关成本

成本类别	含义	与现金持有量的关系
机会成本	持有一定现金余额而丧失的再投资收益	正相关
管理成本	持有一定数量的现金而发生的管理费用	一般认为是固定成本
短缺成本	现金持有量不足而又无法及时通过有价证券变现加以补充所给企业造成的损失	负相关

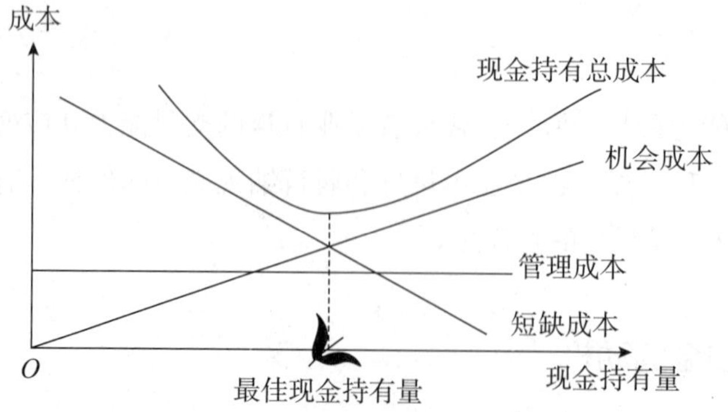

图6-1　最佳现金持有量

最佳现金持有量=min（管理成本+机会成本+短缺成本）的现金持有量

成本模型分析思路：随着现金持有量增加，短缺成本越来越低（储备现金增加，短缺的概率降低，由于现金短缺导致的损失或丧失的收益就会减少），机会成本越来越高（储备过多的现金，就会丧失利用这部分现金进行投资所产生的收益），管理成本（通常认为管理成本不随现金储备的变化而变化，可以看成固定成本）与现金持有量不相关。三项成本相加形成总成本，总成本线的最低点对应的现金持有量为最佳现金持有量。

（二）存货模型

存货模型由美国经济学家鲍莫尔首先提出，他认为公司现金持有量在很多方面和存货相似，存货经济采购批量模型可以用于确定最佳现金持有量。

1.假设前提

①现金的支出过程比较稳定，波动较小，而且每当现金余额降至零时，均可通过变现部分证券得以补足（不允许短缺）；

②企业预算期内现金需要总量可以预测；

③证券的利率或报酬率以及每次固定性交易费用可以获悉。

2.决策原则

只考虑机会成本和交易成本，不考虑短缺成本。

$$现金持有量=\min（机会成本+交易成本）$$

$$机会成本=年平均现金持有额\times 机会成本率$$

$$交易成本=年交易次数\times 每次交易费用$$

现金余额变化曲线如图6–2所示。

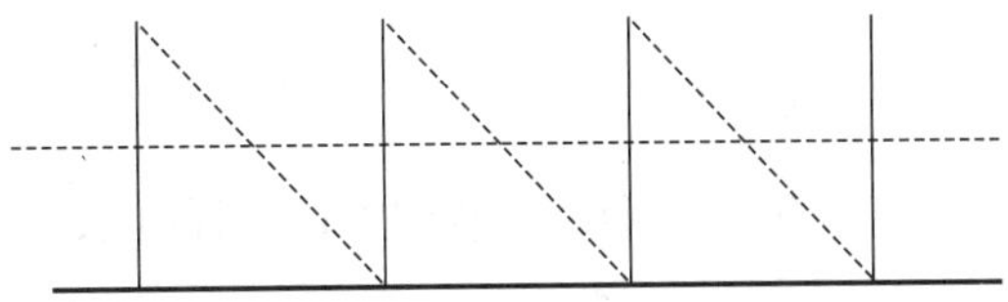

图6–2　现金余额变化曲线

最佳现金持有量是机会成本线与交易成本线的交叉点所对应的现金持有量，如图6–3所示。

使机会成本与交易成本相等所对应的现金持有量是最佳现金持有量。

3.计算公式

$$最佳现金持有额\ C=\sqrt{\frac{2\times T\times F}{K}}$$

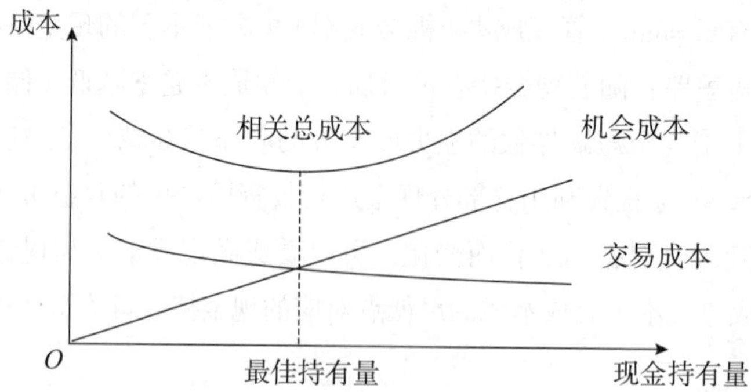

图6-3　最佳现金持有量判定曲线

$$最小相关总成本=\sqrt{2\times T\times F\times K}$$

式中，T是全年现金需要量，F是每次转换成本，K是机会成本率。

例6-1　某公司每月现金需求总量为5200000元，每次现金转换的成本为1000元，持有现金的机会成本率约为10%。

要求：确定该企业的最佳现金持有量。

则该企业的最佳现金持有量的计算如下：

$$C=\sqrt{\frac{2\times 5200000\times 10000}{10\%}}=322490（元）$$

该企业最佳现金持有量为322490元，持有超过322490元会降低现金的投资收益率，低于322490元会加大企业正常现金支付的风险。

三、现金收支管理

（一）现金周转期

现金周转期的含义：支出现金与收到现金之间的时间段，它等于经营周期减去应付账款周转期。

经营周期=存货周转期+应收账款周转期

存货周转期，从收到原材料到加工原材料，形成产成品，到将产成品卖出的这一时期，称为存货周转期；

应收账款周转期，产品卖出到收到顾客支付的货款的这一时期，被称为应收账款周转期；

应付账款周转期，企业购买原材料并不用立即付款，这一延迟的付款时间段就是应付账款周转期。

（二）计算公式

现金周转期=存货周转期+应收账款周转期–应付账款周转期，各周转期关系如图6–4所示。

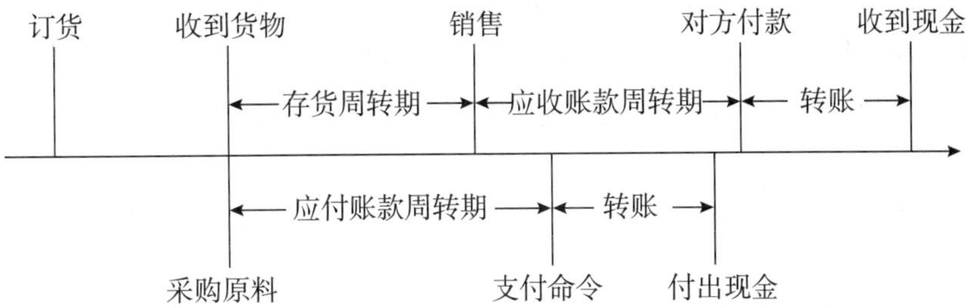

图6–4　各周转期关系

其中：

存货周转期=平均存货/每天的销货成本

应收账款周转期=平均应收账款/每天的销货收入

应付账款周转期=平均应付账款/每天的购货成本

（三）降低现金周转期的措施

降低现金周转期的措施如下：

①加快制造与销售产成品——减少存货周转期；

②加速应收账款的回收——减少应收账款周转期；

③减缓支付应付账款——延长应付账款周转期。

第三节　应收账款管理

实训目标

知识教学目标

了解应收账款的功能，掌握应收账款的信用决策

能力培养目标

培养学生应收账款管理和监控能力

思想教育目标

认识到应收账款管理的重要性，并将其应用到今后的工作之中

案例引入

优胜教育课程涵盖小学、初中、高中、素质教育等，主推一对一课程，这类课程收费较高，而且优胜教育的推销模式是预存的金额越高，赠送的课时越多。有些家长为了获赠优惠，一次性缴纳10万元学费的情况比较普遍。就在记者准备去优胜教育总部采访如何处理退费问题时发现，优胜教育总部已经人去楼空。

优胜教育依靠预收账款进行周转，家长预付款项无法追回，优胜教育预收账款的去向是什么，优胜教育应如何解决这一问题？

知识准备

一、应收账款的定义

企业因销售商品和提供劳务（企业的主营业务）而应向购货（或接受劳务）单位收取的款项。

二、应收账款的功能与成本

（一）应收账款的功能

应收账款的功能主要有以下两个方面。

1.增加销售的功能

在激烈的市场竞争中，通过提供赊销可以有效地促进销售。

2.减少存货的功能

存货资金占用的成本、仓储与管理费用等会相应减少，从而提高企业收益。

（二）应收账款的成本

应收账款作为企业为增加销售和盈利进行的投资，会发生一定的成本。应收账款的成本主要由三方面构成。

1.机会成本

①含义。

因投放于应收账款而放弃其他投资所带来的收益。

②计算。

应收账款的机会成本（应收账款占用资金的应计利息）

$$=应收账款占用资金 \times 资本成本$$
$$=应收账款平均余额 \times 变动成本率 \times 资本成本$$
$$=日销售额 \times 平均收现期 \times 变动成本率 \times 资本成本$$

赊销业务所需的资金，是应收账款平均余额中的变动成本部分，因为应收账款中包括固定成本、变动成本和利润，固定成本在相关的业务量范围内是不变的（与决策无关），利润没有占用企业的资金，只有应收账款中的变动成本才占用企业资金。

平均收现期（周转天数）的确定：如果题中没有给出平均收现期，没有现金折扣条件的情况下，以信用期作为平均收现期；有现金折扣条件的情况下，则用加权平均数作为平均收账天数。

日销售额的确定：用未扣除现金折扣的年赊销额除以一年的天数得到。即不考虑现金折扣因素。

例6-2　某企业预计下年度销售净额为1800万元，应收账款周转天数为90天（一年按360天计算），变动成本率为60%，资本成本为10%，则应收账款的机会成本是多少？

应收账款机会成本=1800/360×90×60%×10%=27（万元）

2.管理成本

企业对应收账款进行管理而耗费的开支，主要包括对客户的资信调查费用、收账费用和其他费用。

3.坏账成本

应收账款无法收回给企业带来的损失。

坏账成本=赊销额×预计坏账率

只有当应收账款所增加的盈利超过所增加的成本时，才应当实施赊销。

三、应收账款日常管理

应收账款的管理难度比较大，在确定合理的信用政策之后，还要做好应收账款的日常管理工作，包括以下几方面。

（一）调查客户信用

信用调查是指收集和整理反映客户信用状况的有关资料的工作。

（二）评估客户信用

企业一般采用“5C”信用评价系统来评价，并对客户信用进行等级划分。具体内容如表6-4所示。

表6-4　“5C”信用评价系统

“5C”	含义	衡量
品质	指个人或公司申请人的诚实和正直表现，这是“5C”中最主要因素	通常要根据过去记录结合现状调查来进行分析
能力	指经营能力	通常通过分析申请者的生产经营能力及获利情况，管理制度是否健全，管理手段是否先进，产品生产销售是否正常，在市场上有无竞争力，经营规模和经营实力是否逐年增长等来评估
资本	指如果企业或个人当前的现金流不足以还债，他们在短期和长期内可供使用的财务资源	调查了解企业资本规模和负债比率，反映企业资产或资本对负债的保障程度
抵押	指当公司或个人不能满足还款条款时，可以用作债务担保的资产或其他担保物	分析担保抵押手续是否齐备，抵押品的估值和出售有无问题，担保人的信誉是否可靠等
条件	指影响申请人还款能力和还款意愿的经济环境	对企业的经济环境，包括企业发展前景、行业发展趋势、市场需求变化等进行分析，预测其对企业经营效益的影响

（三）收账的日常管理

根据应收账款总成本最小化的原则，可以通过比较各收账方案成本的大小对其加以选择。

（四）应收账款保理

1.含义

应收账款保理是指企业将赊销形成的未到期应收账款在满足一定条件的情况下，转让给保理商，以获得银行的流动资金支持，加快资金的周转。

2.分类

应收账款保理分类如表6-5所示。

表6-5　应收账款保理分类

分类标准	类型	具体内容
按照保理商是否有追索权	有追索权保理（非买断型）	供应商将债权转让给保理商，供应商向保理商融通资金后，如果购货商拒绝付款或无力付款，只要有关款项到期未能收回，保理商都有权向供应商要求偿还预付的现金，保理商具有全部追索权

续　表

分类标准	类型	具体内容
按照保理商是否有追索权	无追索权保理（买断型）	保理商将销售合同完全买断，并承担全部的收款风险
按是否通知购货商保理情况	明保理	保理商和供应商需要将销售合同被转让的情况通知购货商，并签订保理商、供应商、购货商之间的三方合同
	暗保理	供应商为了避免让购货商知道自己因流动资金不足而转让应收账款，并不将债权转让情况通知购货商，货款到期时仍由销售商出面催款，再向银行偿还借款
按是否提供预付账款融资	折扣保理（融资保理）	即在销售合同到期前保理商将剩余未收款部分预付给销售商，一般不超过全部合同额的70% ~90%
	到期保理	保理商并不提供预付账款融资，而是在赊销到期时才支付，届时不管货款是否收到，保理商都必须向销售商支付货款

3.作用

应收账款保理的作用如下。

①融资功能：实质是一种以未到期应收账款作为抵押从而获得银行短期借款的融资方式。

②减轻企业应收账款的管理负担：推行保理业务是市场分工思想的运用。

③减少坏账损失、降低经营风险。

④改善企业的财务结构：企业通过出售应收账款，将流动性稍弱的应收账款置换为具有高度流动性的货币资金，增强了企业资产的流动性，提高了企业的偿债能力和盈利能力。

第四节　存货管理

实训目标

知识教学目标

掌握存货的成本及经济订货批量基本模型，了解存货管理的目标及存货控制系统

能力培养目标

使学生能够粗略估计企业存货持有量

思想教育目标

使学生具备存货控制的意识，服务于企业的日常管理工作

一、存货的种类与功能

存货包括各类材料、商品、在产品、半成品、产成品等。

存货的功能：保证生产正常进行；有利于销售；可以防止意外事件造成的损失；便于组织均衡生产，降低产品成本。

二、存货管理的意义

存货管理的意义，就是在保证生产或销售经营需要的前提下，最大限度地降低存货成本。具体包括以下几个方面：

①保证生产正常进行；

②有利于销售；

③便于维持均衡生产，降低产品成本；

④降低存货取得成本；

⑤防止意外事件的发生。

三、存货的形成原因

生产环节和供应环节分属不同的部门管理，同时，从市场取得存货到生产领用是需要一段时间的，为了有效地保证生产不间断，就需要保持一定数额的库存量。

四、存货的成本

存货的成本包括取得成本、储存成本、缺货成本。取得成本又包括订货成本和购置成本。

（一）取得成本

1.订货成本

订货成本指取得订单的成本，如办公费、差旅费、邮资、电话费、运输费等。订货成本中有一部分与订货次数无关，如常设采购机构的基本开支等，称为订货的固定成本，用F_1表示；另一部分与订货次数有关，如差旅费、邮资等，称为订货的变动成本，每次订货的变动成本用K表示；订货次数等于存货年需要量D与每次进货量Q之商。订货成本的计算公式如下。

$$订货成本=F_1+(D/Q)\times K$$

2.购置成本

购置成本指为购买存货本身所支出的成本，即存货本身的价值，经常用数量与单价的乘积来表示。年需要量用D表示，单价用U表示，于是购置成本为DU。

订货成本加上购置成本，就等于存货的取得成本。

取得成本＝订货成本＋购置成本

＝订货固定成本＋订货变动成本＋购置成本

$$TC_a=F_1+(D/Q)\times K+DU$$

（二）储存成本

储存成本指为保持存货而发生的成本，包括存货占用资金应计的利息、仓库费用、保险费用、存货破损和变质损失等，通常用TC_c来表示。

储存成本也分为固定成本和变动成本。固定储存成本与存货数量的多少无关，如仓库折旧、仓库职工的固定工资等，常用F_2表示。变动储存成本与存货的数量有关，如存货资金的应计利息、存货的破损和变质损失、存货的保险费用等，单位变动储存成本用K_c来表示。

储存成本＝固定储存成本＋变动储存成本

$$TC_c=F_2+K_c\times Q/2$$

（三）缺货成本

缺货成本指由于存货供应中断而造成的损失，包括材料供应中断造成的停工损失、产成品库存缺货造成的拖欠发货损失和丧失销售机会的损失及造成的商誉损失等。如果生产企业以紧急采购代用材料解决库存材料中断之急，那么缺货成本表现为紧急额外购入成本。缺货成本用TC_s表示。

如果以TC来表示储备存货的总成本，它的计算公式如下：

$$TC=TC_a+TC_c+TC_s=F_1+(D/Q)\times K+DU+F_2+K_c\times Q/2+TC_s$$

最佳订货量即经济订货批量，就是使企业储备存货总成本即上式TC值最小的订货量。

（四）经济订货批量的确定

存货的决策涉及四项内容：决定进货项目、选择供应单位、决定进货时间和决定进货批量。按照存货管理的目的，需要通过合理的进货批量和进货时间使存货的总成本最低，这个批量就是经济订货批量，主要采取经济订货批量模型计算。

经济订货批量基本模型是建立在一系列严格假设基础上的。这些假设包括存货总需求量是已知常数；不存在订货提前期，即可以随时补充存货；货物是一次性入库；单位货物成本为常数，无批量折扣；库存储存成本与库存水平呈线性关系；货物是一种独立需求的物品，不受其他货物影响；不允许缺货，即无缺货成本。

设立上述假设后，前述的总成本公式可以简化为以下等式。

$$TC = F_1 + (D/Q) \times K + DU + F_2 + K_c \times Q/2$$

当F_1、K、D、U、F_2、K_c为常数时，TC的大小取决于Q。

为了求出TC的极小值，对其进行求导，根据一阶导数等于0，可以得出经济订货批量基本模型，公式如下。

$$EOQ = \sqrt{2KD / K_C}$$

式中，EOQ表示经济订货批量。

五、存货的控制方法

存货控制是指在日常生产经营过程中，按照存货计划的要求，对存货的使用和周转情况进行的组织、调节和监督。

（一）ABC控制方法

ABC控制方法的特征及管理方法如表6–6所示。

表6–6　　ABC控制方法的特征及管理方法

项目	特征	管理方法
A类	价值高，品种数量较少	实行重点控制、严格管理
B类	价值一般，品种数量相对较多	对B类和C类库存的重视程度则可依次降低，采取一般管理
C类	品种数量繁多，价值却很小	

（二）适时制库存控制方法

适时制库存管理方法有零库存管理和看板管理，其中零库存管理优缺点如表6–7所示。

（三）存货的归口分级管理

存货的归口分级管理是指在存货控制的归口负责制下，各职能部门在存货管理和控制方面分别承担一定的责任，各司其职，为公司存货管理服务。

表6–7　　　　　　　　　　　　零库存管理优缺点

基本原理	优点	缺点
制造企业事先和供应商或客户协调好；只有当制造企业在生产过程中需要原料或零件时，供应商才会将原料或零件送来；每当产品生产出来就被客户拉走	降低库存成本	经营风险大（零库存管理等适时制库存控制方法需要的是稳定而标准的生产程序以及供应商的诚信，任何一环出现差错都会导致整个生产线的停止）

章节知识演练

扫码查答案

1.（多选题）运用成本模型确定企业最佳现金持有量时，现金持有量与持有成本之间的关系表现为（　　）。

A.现金持有量越小，总成本越大

B.现金持有量越大，机会成本越大

C.现金持有量越小，短缺成本越大

D.现金持有量越大，管理总成本越大

2.（单选题）运用成本模型计算最佳现金持有量时，下列公式中，正确的是（　　）。

A.最佳现金持有量=min（管理成本+机会成本+转换成本）

B.最佳现金持有量=min（管理成本+机会成本+短缺成本）

C.最佳现金持有量=min（机会成本+经营成本+转换成本）

D.最佳现金持有量=min（机会成本+经营成本+短缺成本）

3.（计算题）已知：某公司现金收支平衡，预计全年（按360天计算）现金需要量为250000元，现金与有价证券的转换成本为每次500元，有价证券年利率为10%。

要求：

（1）计算最佳现金持有量。

（2）计算最佳现金持有量下的全年现金管理总成本、全年现金交易成本和全年现金持有机会成本。

（3）计算最佳现金持有量下的全年有价证券交易次数和有价证券交易间隔期。

4.（单选题）某公司存货周转期为160天，应收账款周转期为90天，应付账款周转期为100天，则该公司现金周转期为（　　）天。

A.30

B.60

C.150

D.260

5.（单选题）在其他条件相同的情况下，下列各项中，可以加速现金周转的是（　　）。

A.减少存货量

B.减少应付账款

C.放宽赊销信用期

D.利用供应商提供的现金折扣

6.（计算题）D公司是一家服装加工企业，2014年营业收入为3600万元，营业成本为1500万元，日购货成本为5万元。该公司与经营有关的购销业务均采用赊账方式。假设一年按360天计算。D公司简化的资产负债表如表6–8所示：

表6–8　　D公司简化的资产负债表（2014年12月31日）　　单位：万元

资产	金额	负债和所有者权益	金额
货币资金	211	应付账款	120
应收账款	600	应交税金	200
存货	150	应付职工薪酬	255
流动资产合计	961	流动负债合计	575
固定资产	850	长期借款	300
非流动资产合计	850	负债合计	875
—	—	实收资本	600
—	—	留存收益	336
—	—	所有者权益合计	936
资产合计	1811	负债和所有者权益合计	1811

要求：

（1）计算D公司2014年的营运资金数额。

（2）计算D公司2014年的应收账款周转期、应付账款周转期、存货周转期以及现金周转期（为简化计算，应收账款、存货、应付账款的平均余额均以期末数据代替）。

（3）在其他条件相同的情况下，如果D公司利用供应商提供的现金折扣，则对现金周转期会产生何种影响？

（4）在其他条件相同的情况下，如果D公司增加存货，则对现金周转期会产生何种影响？

7.（多选题）赊销在企业生产经营中所发挥的作用有（　　）。

A.增加现金

B.减少存货

C.促进销售

D.减少借款

8.（计算题）某企业预测2015年度销售收入净额为3600万元，应收账款平均收账天数为60天，变动成本率为50%，企业的资金成本率为10%。一年按360天计算。

要求：

（1）计算2015年度应收账款的平均余额。

（2）计算2015年度应收账款占用资金。

（3）计算2015年度应收账款的机会成本额。

（4）若2015年应收账款平均余额需要控制在400万元，在其他因素不变的条件下，应收账款平均收账天数应调整为多少天？

9.（单选题）"5C"信用评价系统中，调查了解企业资本规模和负债比率，反映企业资产或资本对负债的保障程度是评估顾客信用品质的（　　）。

A."能力"方面

B."资本"方面

C."抵押"方面

D."条件"方面

10.（判断题）企业采用有追索权保理方式筹资时，如果应收账款发生坏账，其坏账风险必须由本企业承担。（　　）

11.（单选题）采用ABC控制方法进行存货管理时，应该重点控制的存货类别是（　　）。

A.品种较多的存货

B.数量较多的存货

C.库存时间较长的存货

D.单位价值较大的存货

12.（多选题）企业如果采取适时制库存控制系统，则下列表述中正确的有（　　）。

A.库存成本较低

B.制造企业必须事先和供应商或客户协调好

C.需要的是稳定而标准的生产程序以及供应商的诚信

D.供应商必须提前将企业生产所需要的原料或零件送来，避免企业缺货

13.（案例分析题）

三株集团

三株公司成立于1993年，在全国陆续收购了26家药厂，随着公司销售形势的变化，又逐步将大部分药厂转让了出去。至2010年仅剩济南三株福尔制药有限公司、吉林省柳河三株中药有限责任公司两个现代化的GMP认证企业和山东三株医药经营有限公司（GSP认证企业）。

早期的“三株奇迹”得益于其卓越的资金运营方式。

1994—1995年年底，三株口服液从无到有，三株公司的管理从幼稚到成熟，是三株公司的成长期。成功的营运资金管理是它取得辉煌成绩的一个重要原因。在当时风云变幻、竞争白热化的国内保健品市场上保持强劲气势的企业并非三株公司一家，但与三株公司规模不相上下的几家保健品公司的日子并不好过。当时广东某大企业生产的一种保健品，其市场占有率处在全国前列，但该企业的资金周转却不乐观，有20多亿元的货款无法回笼，严重拖了企业发展的后腿。而三株公司当时的资金平均周转期为30天，这在国内企业中是少有的，比国际平均水平的45天还要少15天。三株公司卓有成效的资金运营首先得益于其成功的市场开发和产品开发，这是资金良性运转的基本前提。当三株公司正式创建并开始开发自己的产品时，便一改求助于经销商的传统做法而把目光直接对准了消费者，迅速在全国各地建立起自己的营销网络。三株公司在市场启动阶段绕过经销商，并不是要抛开经销商，而是不让经销商卡脖子。如果走传统的推销路子，让产品经过批发和零售两个环节才能到达消费者手中，销售回款就会在零售商那里沉淀一段时间，在批发商那里再沉淀一段时间，资金回笼速度势必降低，这将严重影响公司的产品开发与市场的深度开发。因而三株公司没有“推销”的概念，只有“做市场”的概念，一旦打开市场，经销商便不请自来，主动要求代销三株公司的产品。三株公司的成交原则是一律现金交易，否则免谈。由于产品本身旺销，经销商有利可图，自然也能爽快接受。就这样，三株公司牢牢控制了资金的主动权，有力地支持了企业的快速发展，创造了三株的辉煌奇迹。

那么三株公司又是如何衰落瓦解的呢？

正是“成也萧何败也萧何”，三株公司靠成功的产品开发和市场开发取得骄人的营运资金管理成果，然后依靠强有力的资金后盾支持了公司的快速发展；但三株公司取得辉煌成功后就骄傲自满了，不注重产品开发和市场开发了，最可怕的是不注重消费者的利益了，不注重公司的信誉了。为了扩大销售，将自己的产品吹成包治百病的灵丹妙药，最后导致了命案官司，让自己的信誉一扫落地。从此三株公司的产品销售不出去，货款收不回来，没有资金支付员工工资和重新进行市场营销，资金链彻底断了，只好给工人放假，生产停止，营销停止。三株公司搬起石头砸了自己的脚。

分析：

（1）早期三株公司卓越的资金运营方式是什么？

（2）三株公司衰落瓦解的原因是什么？

第七章　投资管理

第一节　投资管理的主要内容

实训目标

扫码看案例

知识教学目标

了解投资管理意义、特点及分类、原则

能力培养目标

培养学生的投资管理理念

思想教育目标

培养学生投资的意识，倡导理性投资

案例引入

华谊兄弟投资："一半海水一半火焰"[①]

2021年4月28日，华谊兄弟披露了2020年年报，通览全文，最引人注目的为第61页中"9.按欠款方归集的期末余额前五名的其他应收款"部分关于冯小刚的业绩补偿款，应收金额达1.68亿元，排名第一，注释中写明："2020年，受到新冠肺炎疫情的影响，浙江东阳美拉传媒有限公司的项目进度在一定程度上受到延迟，未完成业绩承诺，将根据协议进行补偿。"

2015年11月19日，华谊兄弟披露了《关于投资控股浙江东阳美拉传媒有限公司的公告》，内容显示，公司拟以10.5亿元的股权转让价款收购浙江东阳美拉传媒有限公司（目标公司）的股东冯小刚和陆国强合计持有目标公司70%的股权，本

① 知牛耳01. 华谊兄弟：投资冯小刚的"一半海水一半火焰"[EB/OL]. https://guba.eastmoney.com/news,300027,1030710428,9222326152945582.html，2021-05-03.

次股权转让完成后，公司持有目标公司70%的股权。2016年浙江东阳美拉传媒有限公司须实现净利润1亿元，冯小刚作出5年业绩承诺：自2017年起，每个年度的业绩目标为在上一个年度承诺的净利润目标基础上增长15%。若未完成某个年度的“业绩目标”，则冯小刚以现金方式向华谊兄弟补足未完成的该年度业绩目标之差额部分。

总的来说，对冯小刚当初从华谊兄弟拿到的10.5亿元投资款而言，除去2018年、2020年向华谊兄弟业绩补偿2.28亿元外，实际到账8.22亿元；而华谊兄弟2020年年报第73页中“2.商誉减值准备”部分显示，华谊兄弟2020年期末对浙江东阳美拉传媒有限公司商誉减值金额计提高达8.48亿元，占整个商誉减值准备金额13.29亿元的63.81%，对比同期投资的北京英雄互娱科技股份有限公司顺利完成业绩承诺而言，不难看出华谊兄弟对冯小刚设立的浙江东阳美拉传媒有限公司投资可以说是“一半海水一半火焰”。

华谊兄弟投资浙江东阳美拉传媒有限公司的契机是什么？如何评价这次投资？

知识准备

一、企业投资的意义

投资，是指特定经济主体（包括政府、企业和个人）以本金回收并获利为基本目的，将货币、实物资产等作为资本投放于某一个具体对象，在未来期间内获得预期经济利益的经济行为。企业投资是企业为获取未来收益而向一定对象投放资金的经济行为，如购买股票、债券、基金等经济行为。

企业需要通过投资配置资产，才能形成生产能力，取得未来的经济利益。

（一）投资是企业生存与发展的基本前提

通过投资确定企业的经营方向，配置企业的各类资产，并将它们有机结合起来，形成企业的综合生产经营能力。投资的正确与否，直接关系到企业的兴衰成败。

（二）投资是获取利润的基本前提

企业投资目的，是通过支付一定数量的货币或实物形态的资本，构建和配置形成企业的各类资产，从事某类经营活动，获取未来的经济利益。通过投资形成生产经营能力，企业才能开展具体的经营活动，获取经营利润。

（三）投资是企业风险控制的重要手段

企业经营面临着各种风险，有来自市场竞争的风险，有资金周转的风险，还有原材料涨价、费用居高不下等成本风险。投资是企业风险控制的重要手段。

二、企业投资的特点

企业的投资活动与经营活动是不同的，投资活动对企业经济利益有长期影响。企业投资涉及的资金多，经历时间长，对企业未来的财务状况和经营活动都有较大的影响。与日常经营活动相比，企业投资的特点如表7–1所示。

表7–1 企业投资的特点

特点	具体说明
属于企业的战略性决策	企业的投资活动先于经营活动，这些投资活动，往往需要一次性地投入大量的资金，并在一段较长的时期内发生作用，对企业经营活动的方向产生重大影响
属于企业的非程序化管理	企业的投资活动涉及企业的未来经营发展方向和规模等重大问题，是非经常发生的。投资经济活动具有一次性和独特性的特点，投资管理属于非程序化管理
投资价值的波动性大	投资项目的价值，是由投资的标的物资产的内在获利能力决定的。这些标的物资产的形态是不断转换的，未来收益的获得具有较强的不确定性，其价值也具有较强的波动性

三、企业投资的分类

将企业投资进行科学分类，有利于分清投资的性质，按不同的特点和要求进行投资决策，加强投资管理。企业投资的分类如表7–2所示。

表7–2 企业投资的分类

分类标准	类型	具体说明
按与企业生产经营活动的关系	直接投资	是将资金直接投放于形成生产经营能力的实体性资产，直接谋取经营利润的企业投资
	间接投资	是将资金投放于股票、债券等权益性资产上的企业投资
按投资对象的存在形态和性质	项目投资	购买具有实质内涵的经营资产，形成具体的生产经营能力，开展实质性的生产经营活动，谋取经营利润。 **注：**项目投资属于直接投资
	证券投资	购买具有权益性的证券资产，获取投资收益。 **注：**证券投资属于间接投资

续 表

分类标准	类型	具体说明
按投资活动对企业未来生产经营前景的影响	发展性投资	是指对企业未来的生产经营发展全局有重大影响的企业投资。发展性投资也可以称为战略性投资
	维持性投资	是为了维持企业现有的生产经营正常顺利进行，且不会改变企业未来生产经营发展全局的企业投资。维持性投资也可以称为战术性投资
按资金投出的方向	对内投资	是指在本企业范围内部的资金投放，用于购买和配置各种生产经营所需的经营性资产
	对外投资	是指向本企业范围以外的其他单位的资金投放
按投资项目之间的相互关系	独立投资	独立投资是相容性投资，各个投资项目之间互不关联、互不影响、可以同时并存。 **注：**独立投资决策主要是可行性分析
	互斥投资	互斥投资是非相容性投资，各个投资项目之间相互关联、相互替代、不能同时并存。 **注：**互斥投资决策属于选优分析

注：对内投资都是直接投资，对外投资主要是间接投资，也可能是直接投资。

四、投资管理的原则

为了适应投资项目的特点和要求，实现投资管理的目标，做出合理的投资决策，需要制定投资管理的基本原则。投资管理的原则如表7–3所示。

表7–3　　投资管理的原则

原则	具体内容
可行性分析原则	主要包括环境可行性、技术可行性、市场可行性、财务可行性等方面。 **注：**财务可行性是在相关的环境、技术、市场可行性完成的前提下，开展的专门经济性评价
结构平衡原则	合理分布资金，包括固定资金与流动资金的配套关系、生产能力与经营规模的平衡关系等。 只有遵循结构平衡的原则，投资项目实施后才能正常顺利地运行，才能避免资源的闲置和浪费
动态监控原则	是指对投资项目实施过程中的控制

第二节　投资项目财务评价指标

实训目标

知识教学目标

掌握投资项目财务评价指标的定义及计算

能力培养目标

培养学生利用投资项目评价指标分析项目投资案例的能力

思想教育目标

使学生认识到项目投资的突破点

案例引入

2021年5月10日，华谊兄弟二人又遭当头一棒！中国执行信息公开网信息显示，华谊兄弟（300027.SZ）实际控制人王中磊、王中军兄弟二人再次成为被执行人，此次执行标的高达3.04亿元，执行法院为北京市第二中级人民法院，而华谊兄弟2021年第一季度仅盈利2亿元。2009年10月30日，无数人羡慕冯小刚的股票翻了136倍，就在这天，华谊兄弟登陆创业板，成为"中国影视娱乐第一股"，开创了中国电影商业化先河。

案例中的华谊兄弟对投资有何启示？

知识准备

投资决策，是对各个可行方案进行分析和评价，并从中选择最优方案的过程。投资项目决策的分析评价，需要采用一些专业的评价指标和方法。常用的财务可行性评价指标有净现值、年金净流量、现值指数、内含报酬率和回收期等。

一、项目现金流量

现金流入量与现金流出量相抵后的余额，称为现金净流量。现金净流量介绍如表7–4所示。

投资项目从整个经济寿命周期来看，大致可分为三个阶段：投资期、营业期、终结期，现金流量也可归属于各个阶段中。

表 7-4　现金净流量介绍

基本概念	由一项长期投资方案所引起的在未来一定期间所发生的现金收支，叫作现金流量。其中，现金收入称为现金流入量，现金支出称为现金流出量，现金流入量与现金流出量相抵后的余额，称为现金净流量（*NCF*）。 **注：**投资决策中的现金流量通常指现金净流量
理念	所谓的现金既指库存现金、支票、银行存款等货币性资产，也指相关非货币性资产（如原材料、设备等）的变现价值
分类	投资期现金流量、营业期现金流量、终结期现金流量

（一）投资期

投资期的现金流量主要是现金流出量，如表 7-5 所示。

表 7-5　投资期现金流量

特点	主要是现金流出量
内容	①长期资产投资； ②营运资金垫支 **注：**营运资金垫支 = 流动资产增加 - 流动负债增加
注意	一般情况下，初始阶段中固定资产的原始投资通常在年内一次性投入（如购买设备），如果原始投资不是一次性投入（如工程建造），则应把投资归属于不同年份之中

（二）营业期

营业期是投资项目的主要阶段，该阶段既有现金流入量，也有现金流出量。现金流入量主要是营运各年的营业收入，现金流出量主要是营运各年的付现营运成本。营业期现金流量如表 7-6 所示。

表 7-6　营业期现金流量

税后付现成本	税后付现成本 = 付现成本 ×（1- 所得税税率）
税后收入	税后收入 = 收入金额 ×（1- 所得税税率）
非付现成本抵税	非付现成本可以起到减少税负的作用，其公式：税负减少额 = 非付现成本 × 所得税税率 **注：**非付现成本主要是固定资产折旧费、长期资产摊销费用、资产减值准备等
特点	该阶段既有现金流入量，也有现金流出量。现金流入量主要是营运各年的营业收入，现金流出量主要是营运各年的付现营运成本

续 表

估算方法	直接法： 营业期现金净流量=营业收入－付现成本－所得税
	间接法：营业期现金净流量=税后营业利润+非付现成本
	分算法：营业期现金净流量=收入×（1−所得税税率）−付现成本×（1−所得税税率）+非付现成本×所得税税率 =（收入−付现成本）×（1−所得税税率）+非付现成本×所得税税率
特殊问题	①对于在营业期内的某一年发生的大修理支出，在会计处理上，如果在本年内一次性作为损益性支出，则直接作为该年付现成本；如果跨年摊销处理，则在本年作为投资性的现金流出量，摊销年份以非付现成本形式处理； ②对于在营业期内的某一年发生的改良支出，是一种投资，应作为该年的现金流出量，以后年份通过折旧收回

（三）终结期

终结期的现金流量主要是现金流入量，包括固定资产变价净收入、固定资产变现净损益和垫支营运资金的收回，如表7−7所示。

表7−7　　终结期现金流量

特点	主要是现金流入量
内容	①固定资产变价净收入：固定资产出售或报废时的出售价款或残值收入扣除清理费用后的净额。 **注：**这里假定变价净收入与账面价值相同。 ②垫支营运资金的收回：项目开始垫支的营运资金在项目结束时得到回收

实务中，对某一投资项目在不同时点上现金流量数额的测算，通常通过编制投资项目现金流量表进行。

一般情况下，终结期时间较短，通常作为项目经营期终点流量处理。

例7−1　某投资项目需要3年建成，从明年开始每年年初投入建设资金90万元，共投入270万元。建成投产之时，需投入营运资金140万元，以满足日常经营活动需要。生产出A产品，估计每年可获净利润60万元。固定资产使用年限为7年，使用后第5年预计进行一次改良，估计改良支出80万元，分两年平均摊销。资产使用期满后，估计有残值净收入11万元，采用年限法折旧。项目期满时，垫支营运资金全额收回。

根据以上资料编制的投资项目现金流量表如表7−8所示。

表7-8 投资项目现金流量表 单位：万元

项目 \ 年份	0	1	2	3	4	5	6	7	8	9	10	总计
固定资产价值	(90)	(90)	(90)									(270)
固定资产折旧					37	37	37	37	37	37	37	259
改良支出									(80)			(80)
改良支出摊销										40	40	80
税后营业利润					60	60	60	60	60	60	60	420
残值净收入											11	11
营运资金				(140)							140	0
合计	(90)	(90)	(90)	(140)	97	97	97	97	17	137	288	420

注：带有括号的数值为现金流出量。

例7-2 某公司计划增添一条生产流水线，以扩充生产能力。现有甲、乙两个方案可供选择。甲方案需要投资500000元，乙方案需要投资750000元。两方案的预计使用寿命均为5年，折旧均采用直线法，预计甲方案下的残值为20000元，乙方案下的残值为30000元。

甲方案预计年销售收入为1000000元，第一年付现成本为660000元，以后在此基础上每年增加维修费10000元。

乙方案预计年销售收入为1400000元，年付现成本为1050000元。

方案投入营运时，甲方案需垫支营运资金200000元，乙方案需垫支营运资金250000元。公司所得税税率为20%。

根据上述资料，测算两方案的现金流量。

甲方案营业期现金流量表如表7-9所示，两方案投资项目现金流量表如表7-10所示。

表7-9 甲方案营业期现金流量表 单位：元

项目 \ 年份	1	2	3	4	5
营业收入	1000000	1000000	1000000	1000000	100000
付现成本	660000	670000	680000	690000	700000
折旧	96000	96000	96000	96000	96000
营业利润	244000	234000	224000	214000	204000

续 表

项目 \ 年份	1	2	3	4	5
所得税	48800	46800	44800	42800	40800
税后营业利润	195200	187200	179200	171200	163200
营业期现金净流量	291200	283200	275200	267200	259200

乙方案营业期现金净流量＝税后营业利润＋非付现成本

＝（1400000–1050000–144000）×（1–20%）+144000

=308800（元）

或 乙方案营业期现金净流量＝收入×（1–所得税税率）–付现成本×（1–所得税税率）+非付现成本×所得税税率

=1400000×80%–1050000×80%+144000×20%

=308800（元）

表7–10　两方案投资项目现金流量表　单位：元

项目 \ 年份	0	1	2	3	4	5
甲方案						
固定资产投资	–500000	—	—	—	—	—
营运资金垫支	–200000	—	—	—	—	—
营业期现金净流量	—	291200	283200	275200	267200	259200
固定资产残值	—	—	—	—	—	20000
营运资金回收	—	—	—	—	—	200000
现金流量合计	–700000	291200	283200	275200	267200	479200
乙方案						
固定资产投资	–750000	—	—	—	—	—
营运资金垫支	–250000	—	—	—	—	—
营业期现金净流量	—	308800	308800	308800	308800	308800
固定资产残值	—	—	—	—	—	30000
营运资金回收	—	—	—	—	—	250000
现金流量合计	–1000000	308800	308800	308800	308800	588800

二、净现值（*NPV*）

（一）基本介绍

净现值基本介绍如表7–11所示。

表7–11　　净现值基本介绍

含义	一个投资项目，其未来现金净流量现值与原始投资额现值之间的差额，称为净现值。 **注：**预计贴现率为投资者期望的最低投资报酬率
计算	净现值（*NPV*）=未来现金净流量现值－原始投资额现值
决策原则	①净现值为正，说明方案的实际投资报酬率高于所要求的报酬率，方案可行； ②净现值为负，说明方案的实际投资报酬率低于所要求的报酬率，方案不可行； ③净现值为零，说明方案的实际投资报酬率刚好达到所要求的报酬率，方案也可行

例7–3　已知某投资项目现金流量表如表7–12所示。假设资本成本为10%，要求计算投资项目净现值。

表7–12　　某投资项目现金流量表　　单位：万元

年份	0	1	2	3	4	5	6	7	8
现金流量	（80）	（80）	（80）	（40）	110	110	0	155	265

$$净现值=-80-80(P/F,10\%,1)-80(P/F,10\%,2)-40(P/F,10\%,3)$$
$$+110(P/F,10\%,4)+110(P/F,10\%,5)+155(P/F,10\%,7)$$
$$+265(P/F,10\%,8)=-189.15（万元）$$

（二）对净现值法的评价

净现值法虽简单易行，有优点，但也具有明显的缺陷，如表7–13所示。

表7–13　　净现值法的优缺点

优点	①适用性强，能基本满足项目年限相同的互斥投资方案的决策； ②能灵活地考虑投资风险。净现值法在所设定的贴现率中包含投资者对风险报酬率的要求，能有效地考虑投资风险
缺点	①所采用的贴现率不易确定； ②不适宜于独立投资方案的比较决策（原始投资现值不等时）； ③净现值有时不能对寿命期不同的互斥投资方案进行直接决策

净现值法下不同情况的处理方法如图7–1所示。

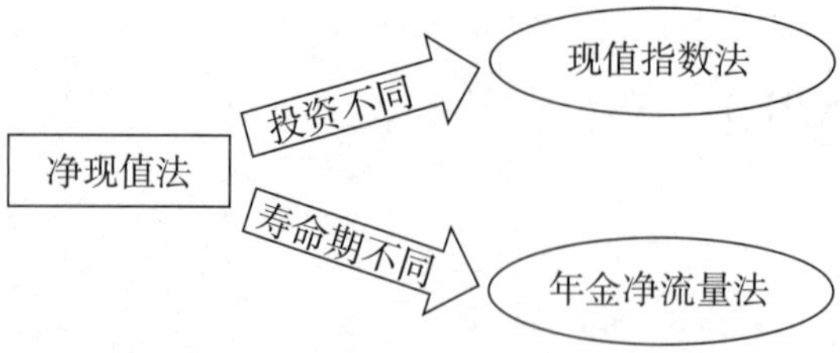

图7–1　净现值法下不同情况的处理方法

三、年金净流量（*ANCF*）

年金净流量是将全部现金流平摊到每个期间，如表7–14所示。

表7–14　　年金净流量基本介绍

含义	项目期间内全部现金净流量的总现值或总终值折算为等额年金的平均现金净流量，称为年金净流量（*ANCF*）
计算	年金净流量=现金净流量总现值/年金现值系数 =现金净流量总终值/年金终值系数
决策原则	①年金净流量指标的结果大于零，说明投资项目的净现值（或净终值）大于零，方案的报酬率大于所要求的报酬率，方案可行。 ②当两个以上寿命期不同的投资方案比较时，年金净流量越大，方案越好
评价	年金净流量法是净现值法的辅助方法，在各方案寿命期相同时，实质上就是净现值法。因此它适用于期限不同的投资方案决策

例7–4　甲、乙两个投资方案：

甲方案需一次性投资10000元，可用8年，残值为2000元，每年取得净利润3500元；

乙方案需一次性投资10000元，可用5年，无残值，第一年净利润为3000元，以后每年递增10%。

如果资本成本率为10%，应采用哪种方案？

甲方案每年现金净流量=3500+（10000–2000）/8=4500（元）

甲方案净现值=4500×5.335+2000×0.467–10000

=14941.50（元）

乙方案各年现金净流量：

第一年=3000+10000/5=5000（元）

第二年=3000×（1+10%）+10000/5=5300（元）

第三年=3000×（1+10%）^{2}+10000/5=5630（元）

第四年 $=3000\times(1+10\%)^3+10000/5=5993$（元）

第五年 $=3000\times(1+10\%)^4+10000/5=6392.30$（元）

乙方案净现值 $=5000\times0.909+5300\times0.826+5630\times0.751+5993\times0.683$

$+6392.30\times0.621-10000$

$=11213.77$（元）

$$甲方案年金净流量=\frac{14941.50}{(P/A,10\%,8)}=2801（元）$$

$$乙方案年金净流量=\frac{11213.77}{(P/A,10\%,5)}=2958（元）$$

尽管甲方案净现值大于乙方案，但它是8年内取得的。而乙方案年金净流量高于甲方案，如果按8年计算可取得15780.93元（2958×5.335）的净现值，高于甲方案。因此，乙方案优于甲方案。

四、现值指数（*PVI*）

现值指数基本介绍如表7–15所示。

表7–15　现值指数基本介绍

含义	投资项目的未来现金净流量现值与原始投资额现值之比
计算	现值指数=未来现金净流量现值/原始投资额现值
决策原则	①若现值指数大于或等于1，说明方案实施后的投资报酬率高于或等于预期报酬率，方案可行； ②若现值指数小于1，说明方案实施后的投资报酬率低于预期报酬率，方案不可行； ③现值指数越大，方案越好
评价	①现值指数法也是净现值法的辅助方法，在各方案原始投资额现值相同时，实质上就是净现值法； ②现值指数是一个相对数指标，反映了投资效率，可用于投资额现值不同的独立方案比较

例7–5　有两个独立投资方案，有关资料如表7–16所示。

表7–16　净现值计算表　　单位：元

项目	方案A	方案B
原始投资额现值	30000	3000
未来现金净流量现值	31500	4200
净现值	1500	1200

从净现值的绝对数来看，方案A大于方案B，似乎应采用方案A；但从原始投资额来看，方案A的原始投资额现值大大超过了方案B。所以，在这种情况下，如果仅用净现值来判断方案的优劣，就难以做出正确的比较和评价。按现值指数法计算：

A方案现值指数=31500/30000=1.05

B方案现值指数=4200/3000=1.40

计算结果表明，方案B的现值指数大于方案A，应当选择方案B。

五、内含报酬率（*IRR*）

（一）基本原理

内含报酬率，是指对投资方案的未来每年现金净流量进行贴现，使所得的现值恰好与原始投资额现值相等，从而使净现值等于零时的贴现率。

决策原则：当内含报酬率高于投资人期望的最低投资报酬率时，投资项目可行。

1.未来每年现金净流量相等时（年金法）

$$NPV=NCF\times(P/A, i, n)-I\text{（投资额）}$$

计算出净现值为零时的年金现值系数后，通过查年金现值系数表，即可找出相应的贴现率i，该贴现率就是方案的内含报酬率。

例7–6 大安化工厂拟购入一台新型设备，购价为160万元，使用年限为10年，无残值。该方案的最低投资报酬率要求为12%（以此作为贴现率）。使用新设备后，估计每年产生现金净流量30万元。要求：用内含报酬率指标评价该方案是否可行。

令：$30(P/A, IRR, 10)-160=0$

得：$(P/A, IRR, 10)=5.3333$

现已知方案的使用年限为10年，查年金现值系数表可得：时期为10，系数为5.3333时所对应的贴现率在12%~14%。采用插值法求得，该方案的内含报酬率为13.46%，高于最低投资报酬率12%，方案可行。

2.未来每年现金净流量不相等时（逐次测试法）

如果投资方案的每年现金流量不相等，各年现金流量的分布就不是年金形式，不能采用直接查年金现值系数表的方法来计算内含报酬率，而需采用逐次测试法。

例7–7 兴达公司有一投资方案，需一次性投资120000元，使用年限为4年，每年现金流入量分别为30000元、40000元、50000元、35000元。要求：计算该投资方案的内含报酬率。

因为方案的每年现金流入量不相同，需逐次测试计算方案的内含报酬率。测算过程如表7–17所示。

表 7-17　　净现值的逐次测试　　单位：元

年份	每年现金净流量	第一次测算 8%		第二次测算 12%		第三次测算 10%	
		系数	现值	系数	现值	系数	现值
1	30000	0.926	27780	0.893	26790	0.909	27270
2	40000	0.857	34280	0.797	31880	0.826	33040
3	50000	0.794	39700	0.712	35600	0.751	37550
4	35000	0.735	25725	0.636	22260	0.683	23905
未来现金净流量现值合计			127485		116530		121765
原始投资额现值			120000		120000		120000
净现值			7485		（3470）		1765

方案的内含报酬率在 10%~12%。进一步运用插值法，得到方案的内含报酬率为 10.67%。

（二）对内含报酬率法的评价

内含报酬率的优缺点如表 7-18 所示。

表 7-18　　内含报酬率的优缺点

优点	①内含报酬率反映了投资项目实际可能达到的投资报酬率，易于被高层决策人员所理解； ②反映各独立投资方案的获利水平，适合独立方案的比较决策
缺点	①计算复杂，不易直接考虑投资风险大小； ②在互斥投资方案决策时，如果各方案的原始投资额现值不相等，有时无法作出正确的决策

六、回收期（*PP*）

回收期，是指投资项目的未来现金净流量（或现值）与原始投资额（或现值）相等时所经历的时间，即原始投资额通过未来现金流量回收所需要的时间。

（一）静态回收期

静态回收期没有考虑货币时间价值，直接用未来现金净流量累积到原始投资数额时所经历的时间作为回收期。

1.未来每年现金净流量相等

这种情况是一种年金形式，因此，静态回收期=原始投资额/每年现金净流量

例7–8 大威矿山机械厂准备从甲、乙两种机床中选购一种机床。甲机床购价为35000元，投入使用后，每年现金流量为7000元；乙机床购价为36000元，投入使用后，每年现金流量为8000元。要求：判断用回收期指标决策该厂应选购哪种机床。

甲机床回收期=35000/7000=5（年）

乙机床回收期=36000/8000=4.5（年）

计算结果表明，乙机床的回收期比甲机床短，该工厂应选择乙机床。

2.未来每年现金净流量不相等

在这种情况下，应把每年的现金净流量逐年加总，根据累计现金流量来确定回收期。

例7–9 迪力公司有一投资项目，需投资150000元，使用年限为5年，每年的现金净流量不相等，资本成本率为5%，有关资料如表7–19所示。要求：计算该投资项目的回收期。

表7–19　　现金净流量相关数据　　单位：元

年份	现金净流量	累计现金净流量
1	30000	30000
2	35000	65000
3	60000	125000
4	50000	175000
5	40000	215000

从表7–19的累计现金净流量栏中可见，该投资项目的回收期在第3年与第4年之间。为了计算较为准确的回收期，采用以下方法计算：

静态回收期=3+（150000–125000）/50000=3.5（年）

（二）动态回收期

动态回收期：未来现金净流量的现值等于原始投资额现值时所经历的时间。

1.未来每年现金净流量相等

$$(P/A,\ i,\ n)=\frac{\text{原始投资额现值}}{\text{每年现金净流量}}$$

计算出年金现值系数后，通过查年金现值系数表，利用插值法，即可推算出回收期n。

例7–10 大威矿山机械厂准备从甲、乙两种机床中选购一种机床（假设寿命期均为10年）。甲机床购价为35000元，投入使用后，每年现金净流量为7000元；乙机床购价为36000元，投入使用后，每年现金净流量为8000元。假定资本成本率为9%，要求：计算甲、乙机床的动态回收期。

甲机床年金现值系数=35000/7000=5

乙机床年金现值系数=36000/8000=4.5

查表得知：当i=9%时，第6年年金现值系数为4.486，第7年年金现值系数为5.033。

运用插值法计算，得知甲机床的动态回收期=6.94年，乙机床的动态回收期=6.03年。

2.未来每年现金净流量不相等

在这种情况下，应把每年的现金净流量逐一贴现并加总，根据累计现金流量现值来确定回收期。

以表7–20中的数据为例（投资150000元），资本成本率为5%，计算其动态回收期。

表7–20　　某项目现金净流量　　单位：元

年份	现金净流量	现金净流量现值	累计现金净流量现值
1	30000	28560	28560
2	35000	31745	60305
3	60000	51840	112145
4	50000	41150	153295
5	40000	31360	184655

$$项目回收期=3+\frac{150000-112145}{41150}=3.92（年）$$

计算动态回收期的另一种方法所需数据如表7–21所示。

表7–21　　计算动态回收期所需数据

项目 \ 年份	0	1	2	3	4	5
现金净流量（元）	–150000	30000	35000	60000	50000	40000
折现系数	1	0.9524	0.9070	0.8638	0.8227	0.7835
折现后的现金净流量（元）	–150000	28572	31745	51828	41135	31340
累计现金净流量（元）	–150000	–121428	–89683	–37855	3280	28060

动态回收期=3+37855/41135=3.92（年）

（三）回收期的优缺点

回收期的优缺点如表7-22所示。

表7-22　　回收期的优缺点

优点	①计算简便，易于理解； ②回收期越短，所冒的风险越小。因此，回收期法是一种较为保守或稳妥的方法
缺点	①静态回收期没有考虑货币的时间价值； ②静态回收期和动态回收期还有一个共同局限，这就是它们计算回收期时只考虑了未来现金流量小于和等于原投资额的部分，没有考虑超过原投资额的部分。显然，回收期长的项目，其超过原投资额的现金流量并不一定比回收期短的项目少

第三节　证券投资管理

实训目标

知识教学目标

理解证券投资特点及特性

能力培养目标

培养学生对证券投资管理的意识

思想教育目标

认识到证券投资管理的重要性，应用相应评估方法进行评估判断

案例引入

进军证券市场，华谊兄弟的75名豪华股东阵容可谓群星灿烂，包括阿里巴巴创始人马云、分众传媒创始人江南春、万象集团CEO鲁伟鼎、聚众传媒创始人虞锋等商界明星以及张纪中、黄晓明等演艺界各路大咖明星。

2006年，马云买入华谊兄弟股票时，股价为每股0.49元（含多次增资扩股稀释），2007年时每股已涨到0.52元。这个价格首先得到商界的认可。江南春和鲁伟鼎分别斥资310.54万元，各换取华谊兄弟590.4万股，虞锋及其母王育莲合计出资456.7万元，共持有950.4万股。演艺界除了冯小刚按同等价格购入，还有张纪中出资113.61万元购入216万股，罗海琼持有54万股，李冰冰以18.94万元购入36万股。另外还有葛根塔娜、梁笑笑等人。果然，不到2年价格就翻了6.12倍。2008年2月，华

谊兄弟每股受让价涨到3元，暴涨的价格刺激着公司员工及旗下艺人们跟进的热情，新增的62名自然人股东包括演员黄晓明（持有180万股），张涵予、胡可（均持有36万股），另外还有李琳、何琢言、康洪雷等人。当时受让股份少的如袁春才3万股，还有不少人替他们惋惜。

2018—2020年，华谊兄弟营收分别下降3.34%、41.18%及33.14%，分别亏损11.69亿元、39.78亿元、10.48亿元，连续亏损额近62亿元。此前对于投资者担忧退市风险事宜，华谊兄弟回应称，根据《创业板首次公开发行股票注册管理办法（试行）》，对华谊兄弟而言，退市风险已经较大程度上消除。截至2021年5月11日，华谊兄弟股票收盘3.63元，市值100.91亿元，相比峰值（894亿元）已跌去约89%。

如何看待证券投资的收益及风险？如何把控证券投资方向？

知识准备

证券资产是企业进行证券投资（金融投资）形成的资产。证券投资不同于项目投资，它的对象是金融资产，金融资产是一种以凭证、票据或者合同合约形式存在的权利性资产，如股票、债券、基金及衍生证券等。

一、证券资产的特点

证券资产的特点如表7–23所示。

表7–23　**证券资产的特点**

特点	具体内容
价值虚拟性	①证券资产不能脱离实体资产而完全独立存在； ②证券资产的价值不是完全由实体资本的现实生产经营活动决定的，而是取决于契约性权利所能带来的未来现金流量，是一种未来现金流量折现的资本化价值
可分割性	证券资产可以分割为一个最小的投资单位。 **注：**经营资产一般具有完整性的要求
持有目的多元性	既可能是为未来积累现金即为未来变现而持有，也可能是为谋取资本利得即为销售而持有，还有可能是为取得对其他企业的控制权而持有
强流动性	其流动性表现在：变现能力强；持有目的可以相互转换，当企业急需现金时，可以立即将为其他目的而持有的证券资产变现
高风险性	金融投资受公司风险和市场风险的双重影响

二、证券投资的目的

证券投资的目的包括以下几个：

（一）分散资金投向，降低投资风险

投资分散化，即将资金投资于多个相关程度较低的项目，实行多元化经营，能够有效地分散投资风险。

（二）利用闲置资金，增加企业收益

企业在生产经营过程中，由于各种原因有时会出现资金闲置、现金结余较多的情况，这些闲置的资金可以投资于股票、债券、基金等有价证券，谋取投资收益，投资的有价证券流通性和变现能力较强，可随时变卖收回资金。

（三）稳定客户关系，保障生产经营

为了保持与供销客户良好而稳定的业务关系，可以对业务关系链的供销企业进行投资，购买其债券或者股票，甚至达到控制的目的，从而保持本企业的生产经营顺利进行。

（四）提高资产的流动性，增强偿债能力

除现金等货币资产外，有价证券投资是企业流动性最强的资产，是企业速动资产的主要构成部分。当企业需要支付大量现金，而现金储备又不足时，可以通过变卖有价证券迅速变现。

三、证券投资的风险

由于证券市场波动频繁，证券投资的风险往往较大。获取投资收益是证券投资的主要目的，证券投资的风险是投资者无法获得预期投资收益的可能性。按风险性质划分，证券投资的风险分为系统性风险和非系统性风险。

（一）系统性风险

系统性风险的含义及类型如表7–24所示。

表7–24　　系统性风险的含义及类型

项目	类别	内容
含义	系统性风险影响资本市场上的所有证券，无法通过投资多元化的组合而加以避免，也称为不可分散风险	
类型	价格风险	由于市场利率上升，而使证券资产价格普遍下跌的可能性。 **注：**证券资产价格与市场利率反方向变化。期限越长，价格风险越大
	再投资风险	由于市场利率下降而造成的无法通过再投资而实现预期收益的可能性。 **注：**购买短期证券，价格风险低，但再投资风险高
	购买力风险	由于通货膨胀而使货币购买力下降的可能性。 **注：**债券投资的购买力风险远大于股票投资

（二）非系统性风险

非系统性风险的含义及类型如表7–25所示。

表7–25　　非系统性风险的含义及类型

项目	类别	内容
含义	①由于特定经营环境或特定事件变化引起的不确定性，从而对个别证券资产产生影响的特有性风险； ②非系统性风险可以通过持有证券资产的多元化来抵消，也称为可分散风险	
类型	违约风险	指证券资产发行者无法按时兑付证券资产利息和偿还本金的可能性
	变现风险	证券资产持有者无法在市场上以正常的价格平仓出货的可能性
	破产风险	在证券资产发行者破产清算时投资者无法收回应得权益的可能性

四、债券投资

债券是依照法定程序发行的约定在一定期限内还本付息的有价证券，它反映证券发行者与持有者之间的债权债务关系。

（一）债券要素

债券一般包括以下几个基本要素，如表7–26所示。

表7–26　　债券要素

要素	具体内容
面值	指债券设定的票面金额，它代表发行人借入并且承诺于未来某一特定日期偿付债券持有人的金额
票面利率	是指债券发行者预计一年内向持有者支付的利息占票面金额的比率。 **注：**在债券估价中，票面利率主要用于利息的计算： 利息＝面值×票面利率

续 表

要素	具体内容
到期日	是指偿还债券本金的日期，债券一般都有规定到期日，以便到期时归还本金

（二）债券的价值

将未来在债券投资上收取的利息和收回的本金折为现值，即可得到债券的内在价值。只有债券价值大于其购买价格时，该债券才值得投资。

1. 含义及计算

债券价值的含义、计算及投资决策如表7–27所示。

表7–27　　债券价值的含义、计算及投资决策

含义	债券的内在价值也称为债券的理论价格，将未来在债券投资上收取的利息和收回的本金折为现值，即可得到债券的内在价值
计算	债券价值=未来利息的现值+归还本金的现值 **注：**一般来说，贴现率经常采用**市场利率**作为评估债券价值时所期望的最低投资报酬率
决策	只有债券价值大于其购买价格时，该债券才值得投资

例7–11　某债券面值1000元，期限20年，每年支付一次利息，到期归还本金，以市场利率作为评估债券价值的贴现率，目前的市场利率为10%，如果票面利率分别为8%、10%和12%，请计算相应的债券价值。

V_b=80（P/A，10%，20）+1000（P/F，10%，20）=830.12（元）

V_b=100（P/A，10%，20）+1000（P/F，10%，20）=1000（元）

V_b=120（P/A，10%，20）+1000（P/F，10%，20）=1170.68（元）

结论：

①票面利率高于市场利率，价值高于面值；

②票面利率低于市场利率，价值低于面值；

③票面利率等于市场利率，价值等于面值。

2. 债券期限对债券价值的敏感性

选择长期债券还是短期债券，是公司财务经理经常面临的投资选择问题。由于票面利率的不同，当债券期限发生变化时，债券的价值也会随之波动。

例7–12　假定市场利率为10%，面值为1000元，每年支付一次利息，到期归还本金，票面利率分别为8%、10%和12%的三种债券，在债券期限发生变化时的债券价值如表7–28所示。市场利率为10%。

表 7–28　　债券价值变化

债券期限	债券价值				
	票面利率 10%	票面利率 8%	环比差异	票面利率 12%	环比差异
0 年期	1000	1000	—	1000	—
1 年期	1000	981.72	–18.28	1018.08	+18.08
2 年期	1000	964.88	–16.84	1034.32	+16.24
5 年期	1000	924.28	–40.60	1075.92	+41.60
10 年期	1000	877.60	–46.68	1123.40	+47.48
15 年期	1000	847.48	–30.12	1151.72	+28.32
20 年期	1000	830.12	–17.36	1170.68	+18.96

只有溢价债券或折价债券，才产生不同期限下债券价值有所不同的现象。期限长短对平价债券价值无影响。不同期限下债券价值变化如图 7–2 所示。

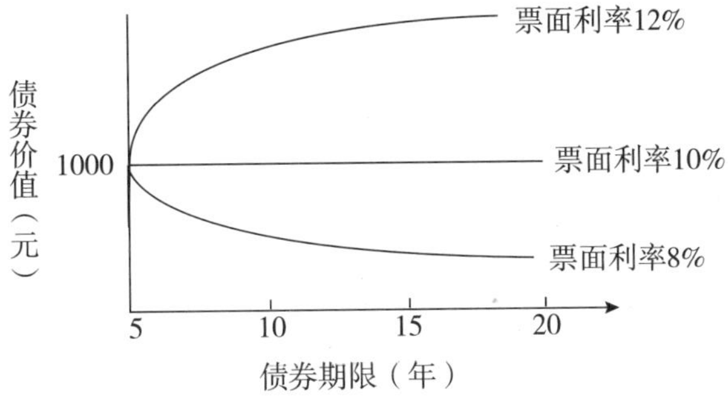

图 7–2　不同期限下债券价值变化

债券期限越短，债券票面利率对债券价值的影响越小。极端情形：期限为 0，无影响。债券票面利率对债券价值的影响如图 7–3 所示。

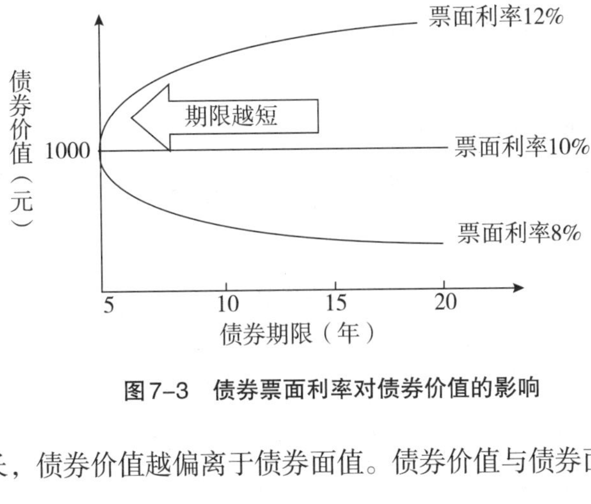

图 7–3　债券票面利率对债券价值的影响

债券期限越长，债券价值越偏离于债券面值。债券价值与债券面值如图 7–4 所示。

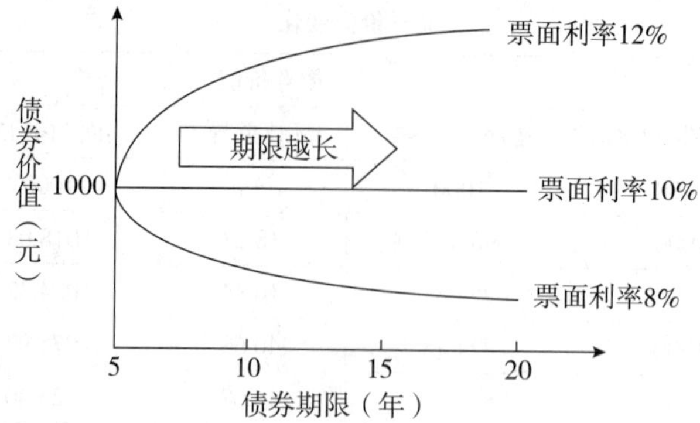

图7–4 债券价值与债券面值

超长期债券的期限差异，对债券价值的影响不大。期限差异对债券价值的影响如图7–5所示。

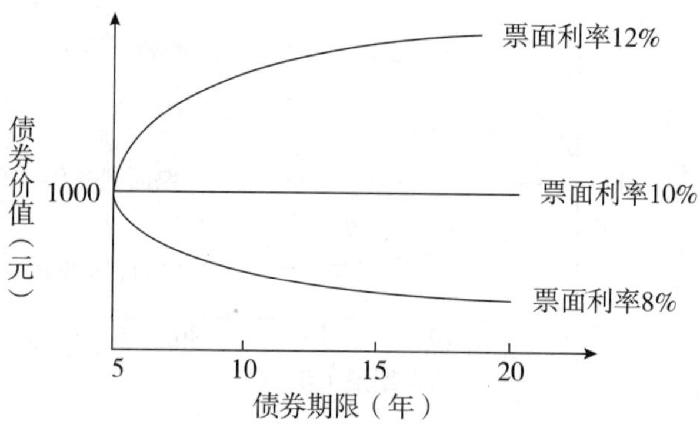

图7–5 期限差异对债券价值的影响

3. 市场利率对债券价值的敏感性

债券一旦发行，其面值、期限、票面利率都相对固定了，市场利率成为债券持有期间影响债券价值的主要因素，市场利率决定债券价值的贴现率，市场利率的变化会造成系统性的利率风险。

例7–13 假定现有面值1000元、票面利率为15%的2年期和20年期两种债券，每年付息一次，到期归还本金，当市场利率发生变化时，债券价值如表7–29所示。市场利率为15%。

表7–29 债券价值 单位：元

市场利率	债券价值	
	2年期债券	20年期债券
5%	1185.85	2246.30

续　表

市场利率	债券价值	
	2年期债券	20年期债券
10%	1086.40	1426.10
15%	1000.00	1000.00
20%	923.20	756.50
25%	856.00	605.10
30%	796.15	502.40

根据例7-13中的数据绘制图7-6，可以看出，市场利率的上升会导致债券价值的下降，市场利率的下降会导致债券价值的上升。

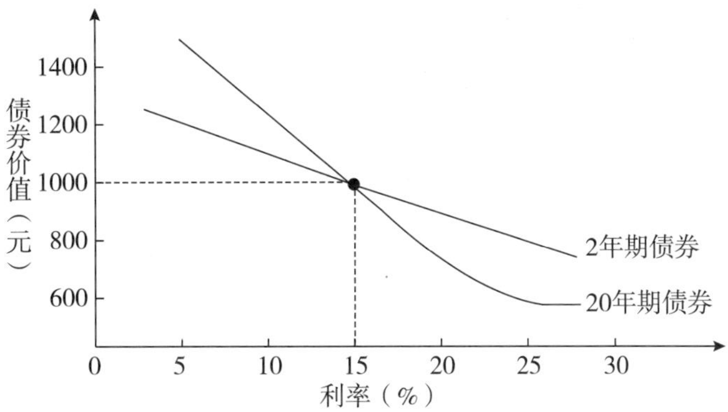

图7-6　市场利率与债券价值

长期债券对市场利率的敏感性会大于短期债券。在市场利率较低时，长期债券的价值远高于短期债券；在市场利率较高时，长期债券的价值远低于短期债券。

市场利率低于票面利率时，债券价值对市场利率的变化较为敏感，市场利率稍有变动，债券价值就会发生剧烈的波动；市场利率超过票面利率后，债券价值对市场利率的变化并不敏感，市场利率的提高，不会使债券价值过分地降低。

（三）债券投资的收益率

债券投资的收益是投资于债券所获得的全部投资收益，这些投资收益源于以下几个方面，如表7-30所示。

内部收益率是指按当前市场价格购买债券并持有至到期日或转让日，所产生的预期报酬率，也就是债券投资项目的内含报酬率。

表7–30　　债券投资收益的来源

收益的来源	债券投资的收益来源于三个方面： ①名义利息收益：面值 × 票面利率； ②利息再投资收益； ③价差收益（资本利得收益）。 **注：**按货币时间价值的原理计算债券投资收益，就已经考虑了再投资因素

例7–14　假定投资者目前购买一份面值为1000元、每年付息一次、到期归还本金、票面利率为12%的5年期债券，投资者将该债券持有至到期日。

要求：（1）假设购买价格为1075.92元，计算债券投资的内部收益率。

（2）假设购买价格为1000元，计算债券投资的内部收益率。

（3）假设购买价格为899.24元，计算债券投资的内部收益率。

答案：（1）1075.92=120（P/A，R，5）+1000（P/F，R，5）

解之得：内部收益率R=10%

（2）1000=120（P/A，R，5）+1000（P/F，R，5）

解之得：内部收益率R=12%

（3）899.24=120（P/A，R，5）+1000（P/F，R，5）

解之得：内部收益率R=15%

由上述例题可得出的结论如表7–31所示。

表7–31　　结论

溢价债券	内部收益率<票面利率	市场利率<票面利率
折价债券	内部收益率>票面利率	市场利率>票面利率
平价债券	内部收益率=票面利率	市场利率=票面利率

五、股票投资

（一）股票的价值

股票是一种权利凭证，它之所以有价值，是因为它能给持有者带来未来的收益，这种未来收益包括各期获得的股利、转让股票获得的价差收益、股票公司的清算收益等。股票价值的含义、计算及决策依据如表7–32所示。

（二）常用的股票估价模式

投资于股票预期获得的未来现金流量的现值，即为股票的价值或内在价值、理论价格。

股票给持有者带来的未来收益一般是以股利形式出现的，因此可以通过股利计算确定股票价值。

表7-32　股票价值的含义、计算及决策依据

股票价值	股票预期获得的未来现金流量的现值，即为股票的价值或内在价值、理论价格
计算原理	股票价值=未来各年股利的现值之和 **注：**优先股是特殊的股票，优先股每期在固定的时点上支付相等的股利，并且没有到期日，未来的现金流量是一种永续年金，其价值计算如下： 优先股价值=股利/折现率
决策	购买价格小于内在价值的股票，是值得投资者投资购买的

1. 固定增长模式

有些企业的股利是不断增长的，假设其增长率是固定的。

计算公式如下：

$$V_s=\frac{D_0(1+g)}{R_s-g}$$

式中，D_0表示期初股利，R_s表示预期收益率，g表示股利增长率。

例7-15　假定某投资者准备购买A公司的股票，要求达到12%的收益率，该公司今年每股股利为0.8元，预计未来股利会以9%的速度增长，则A公司股票是否值得购买？

A公司股票价值：

$$V=\frac{0.8\times(1+9\%)}{12\%-9\%}=29.07\text{（元）}$$

如果A公司股票目前的购买价格低于29.07元，该公司的股票是值得购买的。

2. 零增长模式

如果公司未来各期发放的股利都相等，那么这种股票与优先股是类似的。或者说，当固定增长模式中g=0时：

$$V_s=\frac{D}{R_s}$$

3. 阶段性增长模式

许多公司的股利在某一期间有一个超常的增长率，这期间的增长率g可能大于R_s，而后阶段公司的股利固定不变或正常增长。对于阶段性增长的股票，需要分段计算，才能确定股票的价值。

例7-16　假定某投资者准备购买B公司的股票，要求达到12%的收益率，该公司

今年每股股利为0.6元，预计B公司未来3年以15%的速度高速增长，而后以9%的速度转入正常的增长。计算B股票的价值。

B股票的价值分两段计算。

首先，计算高速增长期股利的现值：

第1年股利现值=0.6×（1+15%）×0.893=0.69×0.893=0.6162（元）

第2年股利现值=0.69×（1+15%）×0.797=0.7935×0.797=0.6324（元）

第3年股利现值=0.7935×（1+15%）×0.712=0.6497（元）

高速增长期股利现值=1.8983（元）

其次，正常增长期股利在第三年年末的现值：

$$V_s = \frac{D_4}{R_s - g}\frac{0.9125\times(1+9\%)}{12\% - 9\%} = 33.1542 \text{（元）}$$

最后，计算该股票的价值：

V_0=33.1542×0.712+1.8983=25.50（元）

（三）股票投资的收益率

1.股票收益的构成

股票投资的收益由股利收益、股利再投资收益、转让价差收益三部分构成。

2.股票的内部收益率

（1）含义。

股票的内部收益率，是使得股票未来现金流量贴现值等于目前购买价格时的贴现率，也就是股票投资项目的内含报酬率。

（2）计算。

①零增长股票。

$$R=D/P_0$$

②固定增长股票。

$$R = \frac{D_1}{P_0} + g$$

③阶段性增长股票。

求解“净现值=0”的折现率。

④短期持有股票。

股票投资收益率是使股票投资净现值为零时的贴现率，计算公式如下：

$$NPV = \sum_{t=1}^{n}\frac{D_t}{(1+R)^t} + \frac{P_t}{(1+R)^n} - P_0 = 0$$

例7-17　某投资者于2016年5月购入A公司股票1000股，每股购价为3.2元；A公司2017年、2018年、2019年分别派发现金股利每股0.25元、0.32元、0.45元；该投资者2019年5月以每股3.5元的价格售出该股票，A公司股票的投资收益率是多少？

$$NPV=\frac{0.25}{1+R}+\frac{0.32}{(1+R)^{2}}+\frac{0.45}{(1+R)^{3}}+\frac{3.5}{(1+R)^{3}}-3.2=0$$

当R=12%时，NPV=0.0898

当R=14%时，NPV=-0.0682

用插值法计算：

A股票的投资收益率=13.14%。

章节知识演练

1.（计算题）火锅店的初始投资和后续各年回报如表7-33所示。

表7-33　**火锅店的初始投资和后续各年回报**　单位：万元

年份	0	1	2	3
NCF	（200）	50	100	150

假设投资者预期回报率为10%。请问火锅店是否可以投资？

2.（计算题）A、B两个投资方案的有关资料如表7-34所示。

表7-34　**项目现金流量表**　单位：元

项目	年份	A方案	B方案
原始投资额	0	（1000）	（1000）
现金净流量	1	100	600
	2	300	300
	3	600	100

分别用静态回收期和动态回收期测算A方案和B方案的优劣。

3.（多选题）在其他因素不变的情况下，下列财务评价指标中，指标数值越大表明项目可行性越强的有（　　）。

A.净现值

B.现值指数

C.内含报酬率

D.动态回收期

4.（判断题）证券资产不能脱离实体资产而独立存在，因此，证券资产的价值取决于实体资产的现实经营活动所带来的现金流量。（　　）

5.（多选题）下列各项中，属于证券资产特点的有（　　）。

A.可分割性

B.高风险性

C.强流动性

D.持有目的多元性

6.（单选题）持续通货膨胀期间，投资人将资本投向实体性资产，减持证券资产。这种行为所规避的证券投资风险类别是（　　）。

A.经营风险

B.变现风险

C.再投资风险

D.购买力风险

7.（多选题）下列各项中，属于证券投资非系统性风险的有（　　）。

A.价格风险

B.再投资风险

C.违约风险

D.变现风险

8.（单选题）市场利率上升时，债券价值的变动方向是（　　）。

A.上升

B.下降

C.不变

D.随机变化

9.（计算题）假定投资者目前购买一份面值为1000元、每年付息一次、到期归还本金、票面利率为12%的5年期债券，投资者将该债券持有至到期日。假设购买价格为1075.92元，要求使用简便算法计算债券投资的内部收益率。

10.（单选题）某投资者购买A公司股票，并且准备长期持有，要求的最低收益率为11%，该公司本年的股利为0.6元/股，预计未来股利年增长率为5%，则该股票的内在价值是（　　）元/股。

A.10.0

B.10.5

C.11.5

D.12.0

第八章　营业收入管理

第一节　营业收入概述

实训目标

知识教学目标

了解营业收入的概念、意义及构成，理解营业收入的抵减项目

能力培养目标

培养学生对实际案例营业收入的分析能力

思想教育目标

认识到营业收入在现实中应用的广泛性，并能将所学分析方法应用到实际案例之中

案例引入

蜜雪冰城的低价策略[①]

世界上只有两种人，喝过蜜雪冰城的人和没喝过蜜雪冰城的人。

但凡喝过蜜雪冰城，之后每每提起兴致消费动辄二三十元一杯的奶茶时，都先敲三声退堂鼓再做打算。

蜜雪冰城凭借着从“渴不渴”出发的定价策略，使年轻人能够较无经济压力地日常消费冰激凌与茶饮，收获了一大批忠实的消费者并在祖国大江南北遍地开花。据统计，蜜雪冰城国内店铺在2020年6月已突破一万家。低价策略给蜜雪冰城带来了相当多的消费者，或许同时也带来了难以撼动的好感度与路人缘。

---

①屈博洋.蜜雪冰城究竟为什么这么便宜？[EB/OL].http://www.360doc.com/content/21/0626/23/54203440_983865546.shtml，2021-06-26.

知识准备

一、营业收入概念、特征、意义及管理要求

（一）营业收入的概念

营业收入是企业在日常经营活动中，由于销售商品、提供劳务等所形成的货币收入。

（二）营业收入的特征

营业收入是从企业的日常经营活动中形成的，不是从偶发的交易事项中产生的；营业收入的取得会导致企业所有者权益的增加。

（三）加强营业收入管理的意义

营业收入的取得是企业继续经营的基本条件。企业的经营活动要不断地进行，就必须用取得的营业收入来补偿经营支出，才能重新购回原材料、支付工资和其他费用。

营业收入的取得是企业实现盈利、上缴税费的前提。企业只有通过销售并及时取得营业收入，生产经营活动中创造的盈利才能实现，从而按规定计算并缴纳税费。

营业收入的取得是加速资金周转的重要环节。企业应加强营业收入管理，扩大销售量，及时取得营业收入，从而加速资金周转，提高资金利用效率。

加强营业收入管理，能提高企业素质和市场竞争力。加强营业收入管理，能促使企业研究市场变化，做出正确经营决策，经营适销对路的商品，避免盲目经营，从而提高企业素质和市场竞争力。

（四）营业收入管理的要求

为确保营业收入计划的完成和企业目标的顺利实现，企业应加强营业收入的日常管理，主要应做好以下几个方面。

做好销售预算，确定营业收入目标，建立营业收入目标责任制。为有效组织营业收入，应将营业收入的目标分解落实到各个责任主体，并授予其相应权利，制定相应措施，明确责任主体的责权利，充分发挥全体员工的主观能动性、积极性，确保营业收入目标的实现。企业营业收入目标责任制的责任主体是分层级又相互联系的，以责任网络形式存在。

掌握市场行情，合理确定商品产品价格。在市场竞争中，价格制定得合理与否，对企业营业收入的影响极大，企业应根据各方面情况统筹考虑，合理确定并适时调整价格。

建立有效的销售信息系统。做好营业收入管理的一个基本前提是建立一个快速、

有效的销售信息系统。通过该系统，企业每日的销售情况可以迅速地传送到管理者手中，管理者便可以根据这些有用的信息，及时做出决策，从而达到对企业销售进行有效控制和管理的效果，在当前信息社会中，销售信息系统要建立在信息技术的基础上，并且要与其他信息系统进行整合。

加强销售合同的管理。及时签订销售合同，可以使销售计划进一步具体化。销售合同是企业与客户之间进行商品销售活动而签订的具有法律效力的契约。购销双方严格执行经济合同，有利于购销活动的正常进行。因此，企业财务部门应协助销售部门，组织好销售合同的签订和执行，并对合同的内容进行审查。

加强营业收入的结算，保证营业收入的质量。企业销售商品后，财务管理人员应根据商品的销售方式和客户的具体情况，采用适当的结算方式，及时办理结算，尽快收回货款，尽可能减少资金在结算期内被客户无偿占用，提高资金的周转速度和使用效益。财务管理人员应定期进行应收账款的账龄分析，对超过一定期限的应收账款应查明原因，采取措施，使损失降到最小。

做好销售服务工作，建立良好的客户关系管理系统。做好销售服务，对用户负责，提高服务满意度，是企业的基本职责，是企业开拓产品市场、提高企业竞争能力的重要手段，也是提高企业信誉的一项有力措施。销售服务一般包括售前服务、售后服务和贯穿着整个销售过程的技术服务。售前服务是指企业在商品出售前，向用户宣传介绍产品的性能、特点和使用方法，使客户了解产品。售后服务包括送货、安装、调试、退换和修理等许多方面，完善的售后服务可以解除客户的后顾之忧，不但可以巩固现有市场，也可以以此招揽新的客户，提高产品市场占有率。售后服务是赢得潜在客户的重要手段。技术服务是向用户提供技术指导、技术培训、技术咨询等服务工作。销售服务主要由销售部门、售后服务部门负责。企业应对担任销售服务工作的人员进行专门培训，使用户放心、满意，树立企业良好的市场形象，增强产品的竞争能力。

二、营业收入的构成

（一）营业收入的内容

企业的经营活动，是指企业通过各种方式，将商品或劳务提供给购买单位，并按规定的销售价格收回货款的经济活动。

主营业务收入：与企业经营活动直接相关，具有经常性、稳定性，在企业营业收入中比重大等特点，直接影响着企业的经济效益，是企业营业收入管理的重点。

其他业务收入：除主营业务收入以外所取得的其他各种收入。与企业经营活动没有直接联系，在企业营业收入中比重小。

主营业务收入与其他业务收入有时因季节变化、企业经营方向改变而变换。

（二）营业收入的抵减项目

企业实际取得的营业收入与应取得的营业收入常常不一致，这是由于在实际工作中，存在销售退回、销售折让、销售折扣事项，应冲减营业收入，从而形成营业净收入。

1. 销售退回或折让

销售退回是指购买者由于商品质量或品种不符合规定要求，而将已购买的商品退回给出售单位，并经协商由出售方退款给购买者的事项。

销售折让是指购买者由于商品质量或品种不符合规定要求等原因，而要求出售单位在价格上给予某些折让的事项。

不论是以前何时销售的商品，由购买单位退回或予以折让时，一律直接冲减当月营业收入和成本。

2. 销售折扣

①销售折扣的概念。

销售折扣是销售方依据购买方购货量的多少或支付货款的时间而给予购买方的一种价格折扣事项。

②销售折扣的分类。

销售折扣分为商业折扣和现金折扣。

商业折扣（又称价格折扣）是企业为了鼓励购买者多买而在价格上给予一定折扣，即购买越多，价格越便宜。

商业折扣一般是从商品价目单价格中直接扣算，销售收入也是按扣减商品折扣以后的售价来计算的。因此，发生商业折扣，不存在冲减营业收入问题。

现金折扣（又称销售折扣）是为了鼓励购买者在一定期限内早日偿付货款而给购买者一定折扣优惠的事项。

现金折扣的条件假定缩写为2/10、1/20、*n*/30，其含义是，10天内付款可享受2%的折扣；在11天至20天内付款可享受1%的折扣；20天以上付款，则不享受折扣优惠，按原价付款；付款期最迟不超过30天。这种折扣实际上是企业为了尽早收回现金而付出的代价，要冲减营业收入。

（三）营业收入的确认

1. 营业收入确认的含义和基本条件

①营业收入确认的含义。

会计上的确认是将某个会计事项正式入账并列入企业财务报表的过程。具体到营业收入的确认，是指将某个会计事项作为收入要素记账，并在利润表上反映的过程。

②营业收入确认的基本条件。

与营业收入事项有关的经济利益流入企业；营业收入能够可靠地计量。

2. 商品销售收入确认的条件

商品销售收入应同时具备以下四个条件才能确认营业收入：

第一，企业已将商品所有权的主要风险和报酬转移给购买方。

商品所有权的风险是指由于商品的贬值、损坏、报废等造成损失的可能性。

商品所有权的报酬是指商品所有者预期可获得的商品因升值等原因而形成的未来经济利益。

判断一项商品所有权的主要风险和报酬是否转移给购买方，主要看实质而不是看形式，具体要视情况而定。

第二，与交易相关的经济利益能够流入企业。经济利益是指流入企业的现金或现金等价物。

第三，相关的收入和成本能够可靠计量。

第四，企业没有对已售出商品实施控制，也没有保留其与所有权相关的继续管理权。

3. 劳务收入的确认

提供劳务收入的确认一般按是否跨年度分别确认。

①对于不跨年度的劳务。

a. 在资产负债表日能对其可靠估计的，按完成百分比确认劳务收入。

b. 在劳务完成时确认劳务收入。

②对于跨年度的劳务。

在资产负债表日不能对其可靠估计的，按已发生劳务成本的已补偿或预计部分补偿金额确认劳务收入。

第二节　商品价格管理

实训目标

知识教学目标

理解商品价格组成的内容、影响因素、目标和策略

能力培养目标

培养学生对价格构成的预测分析能力

思想教育目标

帮助学生建立价格营销理念

案例引入

蜜雪冰城究竟为什么这么便宜?

蜜雪冰城究竟为什么这么便宜?这主要源于它在供应链上的投入。

一是蜜雪冰城实现了对上游奶、茶、水果、咖啡、糖等原料的集中采购,因需求量巨大,有着议价优势。二是大部分核心原料自产,少部分由固定的供应商供应,既能控制成本,又免去了中间商赚取差价。三是东西南北中五大仓库负责给全国门店统一配送产品,物流费用也能做到极尽压缩。因此,最终实现了产品在保质情况下的低价。

低定价带来大销量,引来加盟门店的增加,也能有更多原材料的集中采购、自产供应,从而更能控制、压缩成本,最终带来了薄利多销的良性循环。不过,便宜并不只是一个供应链闭环的结果,它可能是实现这极致性价比的动因。

蜜雪冰城的创业团队,包括董事长和总经理在内,都是农村出身。让人们以较低的价钱吃到质量有保障的冰品与茶饮,是蜜雪冰城人的执着。这股子执着劲儿甚至让蜜雪冰城定价先行,从而再决定经营模式。价格定在那儿了,不省不行,成本就像海绵,能再挤一挤的细节蜜雪冰城一个都不放过。

市面上的冰激凌机太贵了,蜜雪冰城便自己改造冰激凌机。棒打鲜橙太贵了,便反复实验,最终在不影响口感的情况下减少20克的橙子用料,同时降低25%的单价,至6元。在这样的摸索下,蜜雪冰城打造出了一个平价的茶饮帝国。

请探究蜜雪冰城低价的策略。

知识准备

一、商品价格的组成内容和形式

商品价格是商品价值的货币表现。

商品价格包括产品销售成本、销售税金和销售利润。其中,产品销售成本指生产销售产品所发生的全部耗费,包括产品的制造成本、管理费用、销售费用。

价格按构成内容不同又分为工业企业出厂价格、商业企业批发价格、商业零售价格,各种价格的关系如图8–1所示。

产品销售成本
+销售税金
+销售利润
———————————
工业企业出厂价格
+商品流通费
+销售税金　}（商品进销差价）
+批发商利润
———————————
商业企业批发价格
+商品流通费
+销售税金　}（批零差价）
+零售商利润
———————————
商业零售价格

图8–1　各种价格关系

二、影响商品价格的因素

销售定价管理是指在调查分析的基础上，选用合适的产品定价方法，为销售的产品制定最为恰当的售价，并根据具体情况运用不同价格策略，以实现经济效益最大化的过程。影响商品价格的因素如表8–1所示。

表8–1　影响商品价格的因素

因素	具体内容
价值因素	价格是价值的货币表现，价值的大小决定着价格的高低
成本因素	虽然短期内的产品价格有可能会低于其成本，但从长期来看，产品价格应等于总成本加上合理的利润，否则企业无利可图，难以长久生存
市场供求因素	产品供应量大于需求量，对价格产生向下的压力，反之则会推动价格的提升
竞争因素	在完全竞争市场，企业几乎没有定价的主动权；在不完全竞争市场，竞争的强度主要取决于产品生产的难易程度和供求形势
政策法规	对市场物价的高低和变动都有限制和法律规定

三、商品定价原则、目标和策略

（一）商品定价原则和目标

1. 商品定价原则

①以商品价值为基础；

②考虑商品的市场供求变化；

③保持商品之间的合理比价；

④体现商品质量差价关系；

⑤符合国家价格政策等。

2. 商品定价目标

企业自身的实际情况及所面临的外部环境不同，企业的定价目标也多种多样，主要有以下几种，如表8–2所示。

表8–2 企业定价目标

目标	具体内容	适用范围
实现利润最大化	这种目标通常是通过为产品制定一个**较高的价格**，从而提高产品单位利润率，最终实现企业利润最大化	适用于在市场中处于领先或垄断地位的企业，或者在行业竞争中具有很强的竞争优势，并能长时间保持这种优势的企业
保持或提高市场占有率	其产品价格往往需要低于同类产品价格，以较低的价格吸引客户，逐步扩大市场份额，但在短期内可能要牺牲一定的利润空间	这种定价目标适用于能够薄利多销的企业
稳定价格	通常做法是由行业中的领导企业制定一个价格，其他企业的价格则与之保持一定的比例关系，无论是大企业，还是中小企业都不会随便降价	这种定价通常适用于产品标准化的行业，如钢铁制造业等
应付和避免竞争	企业参照对市场有决定性影响的竞争对手的产品价格变动情况，随时调整本企业产品价格。但企业不会主动调整价格	这种定价方法主要适用于中小型企业
树立企业形象及产品品牌	以树立企业形象及产品品牌为定价目标主要有两种情况：一是树立优质高价形象。二是树立大众化平价形象	树立优质高价形象适用于某些品牌产品具有较高的质量认知价值，会被某些客户群所认同和接受

（二）商品定价策略

企业之间的竞争在很大程度上表现为企业产品在市场上的竞争。市场占有率的大小是衡量产品市场竞争能力的主要指标。除了提升产品质量之外，根据具体情况合理运用不同的定价策略，可以有效地提高产品的市场占有率和企业的竞争能力。主要商品定价策略如表8–3所示。

表8-3　主要商品定价策略

<table>
<tr><th>策略</th><th colspan="2">具体内容</th></tr>
<tr><td rowspan="2">折让定价策略</td><td>含义</td><td>折让定价策略是指在一定条件下，以降低产品的销售价格来刺激购买者，从而达到扩大产品销售量的目的</td></tr>
<tr><td>种类</td><td>①单价折扣；
②数量折扣；
③推广折扣（指企业为了鼓励中间商帮助推销本企业产品而给予的价格优惠）；
④季节折扣</td></tr>
<tr><td rowspan="2">心理定价策略</td><td>含义</td><td>心理定价策略是指针对购买者的心理特点而采取的一种定价策略</td></tr>
<tr><td>种类</td><td>声望定价，是指企业按照其产品在市场上的知名度和消费者中的信任度来制定产品价格的一种方法。一般地，声望越高，价格越高，这就是产品的“名牌效应”
尾数定价，即在制定产品价格时，价格的尾数取接近整数的小数（如199.9元）或带有一定谐音的数（158元）等。一般只适用于价值较小的中低档日用消费品定价
双位定价，是指在市场上以挂牌价格销售时，采用两种不同标价来促销的一种定价方法。这种策略适用于市场接受程度较低或销路不太好的产品。例如，某产品标明“原价158元，现促销价99元”
高位定价，即根据消费者“价高质优”的心理特点实行高标价促销的方法。但高位定价必须是优质产品，不能弄虚作假</td></tr>
<tr><td rowspan="2">组合定价策略</td><td>含义</td><td>组合定价策略是针对相关产品组合所采取的一种方法</td></tr>
<tr><td>应用</td><td>①对于具有互补关系的相关产品，可以采取降低部分产品价格而提高互补产品价格，以促进销售，提高整体利润，如便宜的整车与高价的配件等。
②对于具有配套关系的相关产品，可以对组合购买进行优惠，比如西服套装中的上衣和裤子等。组合定价策略可以扩大销售量、节约流通费用，有利于企业整体效益的提高</td></tr>
<tr><td rowspan="2">寿命周期定价策略</td><td>含义</td><td>根据产品生命周期，分阶段确定不同价格的定价策略</td></tr>
<tr><td>应用</td><td>推广期产品需要获得消费者的认同，进一步占有市场，应采用低价促销策略；
成长期的产品有了一定的知名度，销售量稳步上升，可以采用中等价格；
成熟期的产品市场知名度处于最佳状态，可以采用高价促销，但由于市场需求接近饱和，竞争激烈，定价时必须考虑竞争者的情况，以保持现有市场销售量；
衰退期的产品市场竞争力下降，销售量下滑，应该降价促销或维持现价并辅之以折扣等其他手段，同时，积极开发新产品，保持企业的市场竞争优势</td></tr>
</table>

四、商品定价方法

商品定价方法主要包括以成本为基础的定价方法和以市场需求为基础的定价方法

两大类，如图8-2所示。

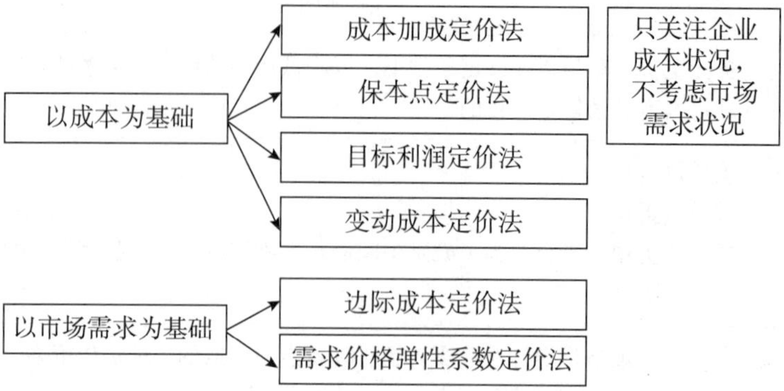

图8-2　商品定价方法

（一）以成本为基础的定价方法

1.成本加成定价法

①概念。

根据商品单位销售成本、成本利润率和流转税率来确定销售价格的基本方法。

②计算公式。

$$商品价格=单位成本+单位税金+单位利润$$

$$=单位成本+商品价格\times适用税率+单位利润$$

$$商品价格\times（1-适用税率）=单位成本+单位利润$$

$$商品价格=\frac{单位销售成本\times（1+销售成本利润率）}{1-适用税率}$$

③优点。

简便易行，一般情况下，能保证企业生产耗费得到补偿和企业获得预期盈利。

④缺点。

不注意商品的市场供求变化。

⑤改进。

采用浮动销售成本利润率，即根据市场供求变化，具体确定销售成本利润率，一般在5%~30%。按事先确定的销售成本利润率确定的价格，也就是达到目标利润水平的销售价格。

2.保本点定价法

保本点定价法的原理及公式如表8-4所示。

表 8-4 保本点定价法的原理及公式

原理	保本点，又称盈亏平衡点，是指企业在经营活动中既不盈利也不亏损的销售水平，在此水平上利润等于零。 保本点定价法的基本原理就是根据产品销售量计划数和一定时期的成本水平、适用税率来确定产品的销售价格
公式	利润=0 商品价格×（1-适用税率）=单位成本=单位固定成本+单位变动成本 $商品价格=\frac{单位固定成本+单位变动成本}{1-适用税率}=\frac{单位完全成本}{1-适用税率}$

注：由于按照该价格销售产品，利润为 0，所以该价格为最低价格。

3. 目标利润定价法

利润为已知的目标利润。

$$商品价格\times（1-适用税率）=单位成本+单位目标利润$$

$$商品价格=\frac{单位成本+单位目标利润}{1-适用税率}$$

4. 变动成本定价法

企业在生产能力有剩余的情况下增加生产一定数量的产品，这些增加的产品可以不负担企业的固定成本，只负担变动成本（变动成本是指完全变动成本，包括变动制造成本和变动期间费用）。

$$商品价格=\frac{单位变动成本\times（1+成本利润率）}{1-适用税率}$$

（二）以市场需求为基础的定价方法

1. 边际成本定价法

$$利润=收入-成本$$

$$边际利润=边际收入-边际成本=0$$

$$边际收入=边际成本$$

结论：边际收入等于边际成本时，利润最大，此时的价格为最优价格。

①适用范围。

适用于市场竞争中处于供过于求，又一时难以转产的滞销产品定价；也适用于企业生产能力有剩余，企业追加生产的廉价产品的定价。

②优点。

虽然边际销售价格低于全部成本，但只要能提供一部分边际利润，就能抵消一部分企业固定成本，从而增加一部分企业盈利。

2.需求价格弹性系数定价法

在其他条件不变的情况下，某种产品的需求量随其价格的升降而变动的程度，就是需求价格弹性系数。

$$E = \frac{\Delta Q / Q_0}{\Delta P / P_0}$$

式中，E为需求价格弹性系数，Q_0、P_0分别表示基期的销量和价格。

运用需求价格弹性系数确定产品的销售价格时，其基本计算公式为：

$$P = \frac{P_0 Q_0^{\ a}}{Q^a}$$

a表示需求价格弹性系数绝对值的倒数，即$\frac{1}{|E|}$。

第三节　营业收入的预测、计划和组织

实训目标

知识教学目标

了解营业收入的预测和组织

能力培养目标

培养学生对公司营业收入进行预测分析的能力

思想教育目标

认识到营业收入在现实中应用的广泛性，并能将所学分析方法应用到实际案例之中

案例引入

蜜雪冰城饮品的利润率是75%，人均消费在15元左右。按照平均每天接待100名顾客计算，那么每天的营业额是15×100=1500（元）。这1500元只是保守估计，蜜雪冰城每天接待的顾客往往超过100人。除去成本，一个月收入超过3万元！开蜜雪冰城一年纯收入超过36万元！

如果投资一家店需要20万元，加盟商几乎可以在7个月内收回成本。蜜雪冰城是一个值得投资的好品牌。蜜雪冰城有丰富的产品线，每种产品都有一定质量保障，它在行业中有很高的知名度和很好的发展前景。

通过对蜜雪冰城的营业收入进行预测，评价上述结论是否合理？

知识准备

一、销售收入预测

（一）概念

销售收入是指企业经过充分的市场调查研究，收集有关信息数据，运用一定方法分析影响企业销售的各种因素，测算在未来一定时期内销售收入及其变动趋势。

（二）作用

销售收入预测是编制销售收入计划、组织销售收入的前提，对于企业掌握市场动态，改进销售工作，避免经营决策的盲目性，对调整和确定经营目标有积极作用。

（三）影响因素

1. 内部因素

主要有商品质量、商誉、价格、生产能力、推销策略、售后服务质量等。

2. 外部因素

市场环境、社会政治经济形势等。

（四）销售量预测方法

主要有因果分析法、趋势分析法、量本利分析法、经验分析判断法。

1. 因果分析法

①概念。

从影响销售量的相关因素中，找出它们与销售量之间的函数关系建立数学模型进行销售量预测的方法。

②计算方法。

常有简单回归分析法和多元回归分析法。

a. 简单回归分析法。

（i）概念。根据过去若干期销售量的实际资料，找出某一主要影响因素，确定反映销售量变动与该因素关系的线性函数，并以此线性函数加以延伸来确定销售量预测值的一种方法。

（ii）公式。

$$y=a+bx$$（实际工作中，常按时间因素进行预测）

式中：y表示销售量预测值；

x表示销售量观察时间（年、月）；

a代表直线截距；

b代表直线斜率。

根据历史数据，用最小二乘法得，

$$\begin{cases}\sum y = na + b\sum x \\ \sum xy = a\sum x + b\sum x^2\end{cases}$$

$$即\begin{cases}a = \dfrac{\sum y - b\sum x}{n} \\ b = \dfrac{n\sum xy - \sum x\sum y}{n\sum x^2 - \left(\sum x\right)^2}\end{cases}$$

由于预测销售量时，x是一个时间序列，以1递增，为简化计算，令$\sum x = 0$，则上述联立方程式变为：

$$\begin{cases}\sum y = na \\ \sum xy = b\sum x^2\end{cases}$$

$$即\begin{cases}a = \dfrac{\sum y}{n} \\ b = \dfrac{\sum xy}{\sum x^2}\end{cases}$$

（iii）适用范围。销售量受某一重要因素影响的商品销售量预测。

例 假定产品销售量只受广告费支出大小的影响，2022 年预计广告费支出为155万元，以往各年的广告费支出及销售量的资料如表8–5所示。

表8–5　广告费支出与产品销售量

年份	2014	2015	2016	2017	2018	2019	2020	2021
销售量（万吨）	325	330	315	335	345	350	340	360
广告费（万元）	100	105	90	125	135	140	140	150

要求：用回归直线法预测公司2022年的产品销售量。

根据上述资料，用回归直线法预测公司2022年产品销售量的计算过程如表8–6所示。

表8–6　2022年产品销售量预测

年份	广告费支出x（万元）	销售量y（万吨）	xy	x^2	y^2
2014	100	325	32500	10000	105625

续 表

年份	广告费支出 x（万元）	销售量 y（万吨）	xy	x^2	y^2
2015	105	330	34650	11025	108900
2016	90	315	28350	8100	99225
2017	125	335	41875	15625	112225
2018	135	345	46575	18225	119025
2019	140	350	49000	19600	122500
2020	140	340	47600	19600	115600
2021	150	360	54000	22500	129600
$n=8$	$\sum x=985$	$\sum y=2700$	$\sum xy=334550$	$\sum x^2=124675$	$\sum y^2=912700$

$$b=\frac{n\sum xy-\sum x\sum y}{n\sum x^2-\left(\sum x\right)^2}=\frac{8\times 334550-985\times 2700}{8\times 124675-(985)^2}=0.62$$

$$a=\frac{\sum y-b\sum x}{n}=\frac{2700-0.62\times 985}{8}=261.16$$

将 a、b 代入公式，得出结果，即 2022 年的产品预测销售量：

$y=a+bx$

$=261.16+0.62x$

$=261.16+0.62\times 155$

$=357.26$（万吨）

b.多元回归分析法。

（i）概念。在企业销售活动中，销售量同时受到多个因素的影响，若销售量 y 与多个主要因素 x_1、x_2、……、x_n 相关。则可用多元回归方程式来预测销售量。

（ii）计算公式。

$$y=a+b_1x_1+b_2x_2+\cdots+b_nx_n$$

（iii）缺点和适用范围。计算复杂，在实际工作中，一般用计算机进行计算。适用于销售量变化与多个因素相关的商品销售量预测。

2.趋势分析法

①概念。

根据企业销售的历史资料，用一定的计算方法测算未来销售变化趋势的一种预测方法。

②适用范围。

企业商品销售比较稳定，具有一定的变化规律。

③计算方法。

简单平均法、加权移动平均法。

a.简单平均法。

（i）概念。

根据企业过去若干经营期的实际销售量求出算术平均值作为未来销售量预测值的一种方法。

（ii）公式。

$$y=\frac{x_1+x_2+\cdots+x_n}{n}$$

式中：y表示过去n期的算术平均值，即未来预测值；

x表示过去某期的销售量；

n表示期数。

（iii）优、缺点和适用范围。

优点是简便易行，缺点是未考虑销售变化趋势。只适用于市场需求基本稳定的商品，如日常用品、无季节变化的食品等。

b.加权移动平均法。

（i）概念。

根据企业不同时期实际销售额对销售额预测值的影响程度（权数）不同，计算其移动平均值作为销售预测值的一种方法。一般是近期的数据比远期的数据影响程度（权数）要大些。

（ii）公式。

$$y=x_1i_1+x_2i_2+\cdots+x_ni_n$$

式中，i表示各期权数，$\sum i=1$。

（iii）优点和适用范围。

优点是考虑了销售变化趋势，消除了各期销售差异的平均化。适用于市场需求有明显变化的商品。

3.量本利分析法

通过分析销售量（或销售收入）、销售成本和保本点或目标利润之间的变化关系，建立数学模型，进行各种预测的方法。

①原理。

销售成本必须按其成本习性分为变动成本和固定成本。

根据销售量、销售税金、销售单价、销售单位变动成本、销售固定成本总额和目标利润或保本点之间的内在联系，假定已知其中几个因素，从而推算出另一个因素。

②公式。

$$\text{销售数量}\times(\text{销售单价}-\text{销售单位变动成本}-\text{销售单位税金})-\text{销售固定成本总额}=\begin{cases}0(\text{保本点})\\ \text{目标利润}\end{cases}$$

$$\text{即保本点销售量}=\frac{\text{销售固定成本总额}}{\text{销售单价}-\text{销售单位税金}-\text{销售单位变动成本}}$$

$$\text{目标利润销售量}=\frac{\text{销售固定成本总额}+\text{目标利润}}{\text{销售单价}-\text{销售单位税金}-\text{销售单位变动成本}}$$

4.经验分析判断法

①概念。

企业管理人员或有关专家根据企业商品销售情况、消费者心理变化、购买力变化和行业竞争、科技发展等资料对未来市场变化进行分析，以判断销售趋势的方法。

②常用方法。

a.专家调查法（又叫德尔菲法）。

由美国“思想库”兰德公司于19世纪40年代末首先使用。操作过程是挑选彼此无任何联系的专家20人左右，只用书信往来与预测操作人员直接发生联系；提出预测问题，要求专家书面答复；收集整理专家意见，再发给各专家进行第二轮征询；修改原先的预测；最后作出预测。优点是可以广泛收集各专家意见，有助于克服主观臆断，比较快速、省力，具有较高的可靠性。

b.意见汇集法。

召集企业熟悉销售情况的人员召开“诸葛亮会”，根据企业过去的销售情况、市场变动趋势等，分析研究企业某些商品未来销售情况。优点是简便易行，集思广益，在市场变化时，能及时对销售预测进行修正。

c.调查分析法。

对商品用户、经济发展趋势、行业产品、技术发展等情况进行调查，确定某商品在市场上的寿命周期以及本企业商品所处的阶段。商品在市场上的寿命周期一般分为投产试销、成长、饱和、衰退四个阶段。不同阶段的销售量是不相同的。随着科学技术的发展，商品升级换代越来越快，市场寿命周期越来越短。优点是企业能随时调查市场需求情况，并据此调整企业经营方针，生产适销对路的商品，提高经济效益。

以上销售量预测方法中，因果分析法、趋势分析法、量本利分析法属定量分析法；经验分析判断法属定性分析法。实际工作中要综合应用，才能准确地作出销售量预测。

在销售量预测的基础上，结合前述商品定价，即可预测企业销售收入。

二、销售收入计划

（一）概念

在各商品销售收入预测的基础上，以货币计量并反映企业在一定时期内总的销售收入计划。

（二）内容

包括计划期商品销售收入和计划期其他销售收入计划。

$$\text{计划期商品销售收入}=\sum(\text{商品计划销售量}\times\text{销售单价})$$

$$\text{计划期其他销售收入}=\frac{\text{上年其他}}{\text{实际销售收入}}\times\left[1\pm\frac{\text{计划期其他}}{\text{销售收入预计增减百分比}}\right]$$

三、销售收入的组织

销售收入组织应做好以下两方面工作。

（一）认真签订和履行销售合同，及时办理结算，加快应收货款收回

应收货款是指企业销售产品、材料、外购商品等而应向购货单位或个人收取的款项。

企业要想减少应收货款的风险，尽快收回款项，除了加强合同的订立和履行，还必须加强应收货款的事前和事中管理。

1. 应收货款的事前管理

①企业各职能机构间有效地配合。

②调查分析对方的短期偿债能力。

考察企业在一定时期内的偿债能力财务指标一般是流动比率和速动比率。根据在实践中总结的经验，流动比率一般应为2∶1为宜，速动比率一般应为1∶1为宜。

③调查分析对方的生产经营状况及前景。

④调查分析对方信用等级。

基本公式如下：

$$\text{对某企业在计划期内的赊销限额}=\frac{\text{预计货款发生总额}\times\text{计划期日数}}{\text{最长赊账天数}}\times\text{信用指数}$$

式中的信用指数是指按信用等级所确定的系数。信用等级越高，系数越大。系数最大为1，最小为零。企业的最长赊账天数，是根据企业的市场销售状况与财务收支平衡的要求等方面的因素确定的。

市场畅销商品，最长赊账天数可短一些；市场销售不畅的商品，最长赊账天数可长一些。企业财务收支状况良好时，最长赊账天数可长一些；反之，则应短一些。

企业在赊销过程中，账赊比越大，风险越大，赊销限额就越小；反之，则风险越小，赊销限额越大。

⑤分散应收货款的发生地点。

⑥现金折扣与加收方法。

现金折扣，是指客户在规定的账赊期限之内付清货款，就给予一定比率的折让，给付款方一定的鼓励；如果对方超过规定账赊期限仍未付款，则加收一定的占用费。

这种方法必须在销售合同签订时或应收货款发生前，由双方协商，并以协议形式确定方可有效。

⑦建立坏账准备金制度。

根据费用与收益相配比原则和稳健原则，为了避免应收账款的坏账损失，企业可以提取一定的坏账准备金。根据制度规定，企业可以在年度结束时，按照年末应收账款账面余额的3‰~5‰计提坏账准备金，并在下一年度中使用。

建立坏账准备金只是一种预防的手段，要在真正意义上减少应收账款的损失，还必须严格进行应收账款的事中管理。

2. 应收货款的事中管理

①密切关注对方经营情况。

②寻机收回货款。

（二）做好销售服务和市场信息反馈工作

1. 销售服务

售前服务是指企业在商品销售前，宣传介绍商品的性能、特点、使用方法和对客户进行技术咨询服务。

售后服务是指企业帮助用户进行安装、维修和技术培训服务。让用户放心购买，对使用体验满意。

2. 市场信息反馈

①市场反馈的信息内容。

一般有产品在市场上的适应性，价格的适应性，市场的显现需求和潜在需求，消费者的购买能力及购物心理趋向，产品的市场占有率，新产品导向，国家对市场调控情况，等等。

销售部门及时收集这些信息后，应及时反馈到生产技术部门和财务部门，以便于企业有效运用这些信息。

②作用。

可以促进企业生产活动的进一步开展，生产出数量更多、质量更好、价格更低、适应性更强、消费者更喜欢的产品，从而扩大企业的销售收入，增强企业活力。

第四节 营业收入的考核和分析

实训目标

知识教学目标

理解营业收入的分析方法，了解营业收入的考核方式

能力培养目标

培养学生对实际企业营业收入考核及分析的能力

思想教育目标

认识到营业收入考核和分析的重要作用，并能将所学考核方式及分析方法应用到实际企业之中

案例引入

揭秘蜜雪冰城百亿营收躺赚密码

8元一杯的奶茶，究竟是什么让蜜雪冰城赚到了钱？南都湾财社梳理招股书时发现，蜜雪冰城主营业务中，99%以上的营收来自加盟商。通过出售食品、包装、设备等赚足供应链的钱，再开放品牌加盟收取授权管理费，蜜雪冰城的“财富经”首次在招股书中揭秘。

2019—2021年，蜜雪冰城实现的营业收入分别约为25.66亿元、46.8亿元、

103.51 亿元，三年翻两番；对应实现的归属净利润分别约为 4.45 亿元、6.32 亿元、19.1 亿元，三年增长近 5 倍。此外，2022 年一季度，蜜雪冰城实现营业收入 24.34 亿元，对应实现的归属净利润约为 3.9 亿元。翻开招股书，可以看到蜜雪冰城的主营业务收入的 99% 以上来自加盟商，当中七成收入来自食材，仅有不足 1% 的收入来自自营门店的产品销售。与其说，蜜雪冰城是靠卖奶茶赚钱，不如说蜜雪冰城做的是供应链的生意。

请对蜜雪冰城营业收入进行考核和分析。

一、营业收入的考核

（一）销售合同履行情况考核

$$\text{销售合同履行率}=\frac{\text{已实现销售合同份数（或金额）}}{\text{计划应履行销售合同份数（或金额）}}\times 100\%$$

销售合同履行率越高，说明企业履行合同的工作越出色。长期实现较高的销售合同履行率，有利于提高企业信用等级。

（二）拒付商品情况的考核

$$\text{拒付商品率}=\frac{\text{拒付商品总额}}{\text{发出商品总额}}\times 100\%$$

拒付商品率越高，说明企业营销工作绩效越差；拒付商品率越低，说明企业营销工作绩效越好。

（三）发出商品计划完成情况的考核

$$\text{发出商品计划完成率}=\frac{\text{实际发出商品总额}}{\text{计划发出商品总额}}\times 100\%$$

发出商品计划完成率越高，表明商品发运工作绩效越好。

（四）销售收入计划完成情况的考核

$$\text{销售收入计划完成率}=\frac{\text{实际销售收入总额}}{\text{计划销售收入总额}}\times 100\%$$

对于企业的主要商品，还可按商品分别进行考核。

销售收入计划完成率是销售收入考核的基本指标。

二、营业收入的分析

（一）商品销售收入计划完成情况分析

1.销售收入计划完成情况的分析

$$\text{商品销售收入计划完成情况}=\frac{\Sigma(\text{实际销售数量}\times\text{计划销售单价})}{\text{计划销售收入}}\times 100\%$$

2.销售收入计划完成情况的因素分析

影响销售收入计划完成情况的因素有销售数量和销售单价。

①销售数量的影响。

影响销售数量变动的具体原因有很多，如产销是否平衡、商品质量规格是否符合要求、销售工作的好坏，以及客户和市场变化等，根据连环替代法原理，得出销售量变动对销售收入影响的数学模型。

$$\text{销售数量变动对销售收入的影响}=\sum\left[\left(\text{实际销售数量}-\text{计划销售数量}\right)\times\text{计划单价}\right]$$

②销售单价的影响。

销售价格的变动主要受市场供求关系、商品质量的影响，根据连环替代法可得到销售单价变动对销售收入影响的数学模型。

$$\text{销售单价变动对销售收入的影响}=\sum\left[\text{实际销售数量}\times\left(\text{实际售价}-\text{计划单价}\right)\right]$$

（二）商品市场分析

1.市场观念

①概念。

商品经营者在进行商品营销中对商品市场的根本态度和看法。

②发展阶段。

市场的发展变化，在西方社会可分为以下几个阶段：

第一，生产导向阶段，1920年以前，西方社会商品市场供不应求。

第二，销售导向阶段，1920—1945年，西方社会商品市场供过于求。

第三，顾客导向阶段，1945年以后，商品经营者与消费者的矛盾日趋尖锐。

2.市场分析

①概念。

以现代市场观念为指导分析企业商品在市场中的地位、作用和需求变化情况，从而寻求扩张市场的途径。

②内容。

a.市场占有率分析。

概念：本企业商品在整个市场同类商品中的经营比重。

$$企业某商品的市场占有率 = \frac{本企业某商品销售额}{市场上该类商品销售总额} \times 100\%$$

作用：反映企业现有人、财、物条件的利用情况和潜在力量，衡量企业商品的质量和经营管理水平。

b.市场需求分析。

概念：市场需求是在同一时期内，客户购买某种商品量的总和。

条件：一是客户愿意购买；二是客户有货币支付能力。

影响因素：主要有客户购买期望、商品价格、客户支付能力、促销手段等。

计算：市场需求情况一般通过需求弹性反映，市场需求弹性是指因商品价格、客户支付能力等因素变动而引起市场需求相应的变动率，公式如下：

$$需求弹性 = \frac{商品需求量变动百分比}{影响需求的某因素变动百分比}$$

商品需求影响因素的微小变化就会导致需求量产生明显变化，这叫需求弹性大；反之，叫需求弹性小。

扫码查答案

章节知识演练

1.（多选题）使用以成本为基础的定价方法时，可以作为产品定价基础的成本类型有（　　）。

A.变动成本

B.制造成本

C.完全成本费用

D.固定成本

2.（多选题）下列销售预测方法中，属于定性分析法的有（　　）。

A.德尔菲法

B.营销员判断法

C.因果预测分析法

D.产品寿命周期分析法

3.（简答题）怎样确认企业的营业收入？

4.（简答题）怎样确定商品和劳务的价格？

5.（简答题）试述营业收入考核分析的内容和方法。

第九章　利润管理

第一节　利润的构成及管理要求

实训目标

知识教学目标

了解利润的概念、构成、作用及管理要求

能力培养目标

培养学生根据利润构成分析企业利润表的能力

思想教育目标

认识利润对企业的重要作用，培养学生不忘初心，严守底线的职业素养

案例引入

贵州茅台2020年年报：营收979.93亿元！毛利率91.48%！[①]

收入和利润保持增长。公司实现营业总收入979.93亿元，同比增长10.29%；其中酒类收入948.22亿元，同比增长11.10%；实现归属于母公司所有者的净利润466.97亿元，同比增长13.33%。

毛利率保持增长。酒类销售毛利率为91.48%，同比增长0.11个百分点；其中茅台酒销售毛利率为93.99%，同比增加0.21个百分点。

贵州茅台的高额利润意味着什么？

---

① 新浪财经.日赚1.4亿！贵州茅台豪掷272亿分红，股价酒价大跌，近万股东清仓[EB/OL]. https://baijiahao.baidu.com/s?id=1728782868508499994&wfr=spider&for=pc，2022-03-31.

知识准备

一、利润的概念、构成及作用

（一）概念

利润是指企业在一定会计期间实现的经营成果。包括收入减去费用后的净额、直接计入当期利润的利得和损失等。

（二）利润的构成

营业利润=营业收入-营业成本-营业税金及附加-销售费用-管理费用-财务费用+投资收益（-损失）+公允价值变动收益（-损失）-资产减值损失

利润总额=营业利润+营业外收入-营业外支出

净利润=利润总额-所得税费用

营业收入是指企业经营业务所确认的收入总额，包括主营业务收入和其他业务收入。

营业成本是指企业经营业务所发生的实际成本总额，包括主营业务成本和其他业务成本。

资产减值损失是指企业计提各项资产减值准备所形成的损失。

公允价值变动收益（损失）是指企业交易性金融资产等公允价值变动形成的应计入当期损益的利得（损失）。

投资收益（损失）是指企业以各种方式对外投资所取得的收益（发生的损失）

营业外收入是指企业确认的与其日常经营活动无直接关系的各项利得。营业外收入并不是企业经营资金耗费所产生的，实际上是经济利益的净流入，不需要与有关的费用进行配比。营业外收入主要包括非流动资产处置利得、政府补助、盘盈利得、捐赠利得、非货币性资产交换利得、债务重组利得等。

营业外支出是指企业发生的与其日常经营活动无直接关系的各项损失，主要包括非流动资产处置损失、公益性捐赠支出、盘亏损失、罚款支出、非货币性资产交换损失、债务重组损失等。

所得税费用是指企业根据税法规定按其应税所得计算的应当上缴税务机关，并计入当期损益的费用。

应交所得税是指企业按照税法规定计算确定的针对当期发生的交易和事项，应交给税务部门的所得税金额，即当期应交所得税。应纳税所得额是在企业税前会计利润

（即利润总额）的基础上调整确定的，计算公式如下：

应纳税所得额＝税前会计利润＋纳税调整增加额－纳税调整减少额

应交所得税＝应纳税所得额×所得税税率

所得税费用＝当期所得税＋递延所得税

贵州茅台利润表如表9–1所示。

二、利润的管理要求

利润管理是企业管理中非常重要的一个部分。在进行利润管理的时候，需要明确以下两点。

企业的利润管理是在法律允许范围内进行的，只有法律认可的企业利润，才能够被称为企业的合法利润。

企业的利润管理要适度，适度的管理对企业的成长有非常重要的作用，但是如果利润管理过度会对企业的成长产生阻碍。

第二节　利润的预测及计划

实训目标

知识教学目标

了解利润预测的概念，掌握利润预测的因素分析法，掌握利润计划的编制方法

能力培养目标

培养学生对企业进行利润预测的能力

思想教育目标

认识到利润预测对企业的重要作用

知识准备

一、利润预测的概念

利润预测是指企业在营业收入预测的基础上，通过对销售量、商品或服务成本、营业费用以及其他对利润发生影响的因素进行分析与研究，进而对企业在未来某一时期内可以实现的利润预期数进行预计和测算。

公司的利润包括营业利润、投资净收益、营业外收支净额三部分，所以利润的预测也包括营业利润的预测、投资净收益的预测、营业外收支净额的预测。在利润总额中，通常营业利润占比最大，是利润预测的重点，其余两部分可以用较为简单的方法进行预测。

二、利润预测的意义

①利润预测是提高经济效益的重要手段。

②利润预测是企业经营目标的重要环节。

③利润预测是加强利润管理的重要措施。

三、利润预测的内容

（一）营业收入预测

收入预测要结合公司过去的产品收入、订单、市场空间等要素，设定出一个固定的年化增长率，可以预测出未来几年的收入。

例9-1 假设某集团2018年收入为1000万元，预测未来三年的平均收入增长率为10%，则未来三年的收入预测如下：

2019年收入=1000×（1+10%）=1100（万元）

2020年收入=1100×（1+10%）=1210（万元）

2021年收入=1210×（1+10%）=1331（万元）

（二）成本费用预测

成本费用预测是根据有关资料和数据，结合企业未来发展前景和趋势，采用一定的方法，对未来一定时期的成本费用水平和目标成本费用进行预计和测算。

成本费用预测，应该有计划按步骤完成，尽可能避免预测的主观性，提高预测的科学水平，使预测目标更接近实际。结合预测期变化因素，测算企业在现有条件下能够达到的目标成本费用水平，收集企业对降低成本费用的要求，报告期的实际成本费用情况，预测期的成本费用可能变化情况等，求出成本费用预测值。

（三）目标利润预测

按照一定方法预计确定未来企业在利润方面应该达到的目标。通过调查研究，确定利润率标准；计算目标利润基数，目标利润基数 = 有关利润标准 × 有关业务量及资金指标；确定目标利润修正值，目标利润 = 目标利润基数 + 目标利润修正值。

四、利润预测的方法

（一）因素分析法

因素分析法是在基期利润水平的基础上，根据计划期影响利润变动的各项因素，预测出企业计划期的利润总额。以本量利分析法为基础。

影响利润的主要因素有销售量、销售价格、变动成本、固定成本总额、所得税税率等。

计划期利润 = 基期利润 ± 因计划期各种因素的变动而增加或减少的利润

例 9–2 某公司 2019 年产品销售收入为 332600 元，销售成本为 260000 元，由于销售量增长，预计销售成本按上年水平计算将增加 10%，2019 年销量为 3000 件，预计 2020 年销量上涨 10%，通过成本挖潜，预计 2020 年产品成本将降低 6%，由于市场变化，产品销售单价由 80 元调整到 100 元，销售税率为 6%。要求：利用因素分析法确定该公司的销售利润。

基年销售利润 =332600–260000=72600（元）

基年销售利润率 =72600/260000=27.9%

销量变动对利润的影响 =（286000–260000）× 27.9%=7254（元）

成本降低变动对利润的影响 =286000 × 6%=17160（元）

2014 年产品销量 =3000 ×（1+10%）=3300（件）

价格变动对利润的影响 =3300 ×（100–80）×（1–6%）=62040（元）

利润总额 =7254+17160+62040=86454（元）

（二）本量利分析法

本量利分析法全称为“成本 – 业务量（生产量或销售量）– 利润分析法”，也称损益平衡分析法，主要根据成本、业务量和利润三者之间的变化关系，分析某一因素的变化对其他因素的影响。可用于利润预测、成本和业务量预测。本量利分析法是以成本性态研究为基础的。成本性态是指成本总额对业务量的依存关系。成本按其成本性态可分为变动成本、固定成本、混合成本。

变动成本是指随业务量增长而成正比例增长的成本。

固定成本是指在一定的业务量范围内，不受业务量影响的成本。

混合成本介于变动成本和固定成本之间，是指随业务量的增长而增长，但不成正比例增长的成本，可将其分解成变动成本和固定成本两部分。

本量利分析法的数学模型有两种：

1.损益方程式

利润＝销售收入－总成本＝销售收入－变动成本－固定成本

盈亏平衡点即保本点，是指企业利润为零，即不盈不亏情况下的业务量。保本点可以用保本销售量和保本销售额来表示。

利润＝销售收入－（固定成本＋变动成本）

利润＝销售价格 × 销售数量－（固定成本＋单位产品变动成本 × 销售数量）

P代表利润，Q代表产量，Q^*代表保本点产量，C_f代表固定成本，C_v代表单位变动成本，p代表价格

$$P=p \times Q-(C_f+C_v \times Q)$$

令，$P=p \times Q^*-(C_f+C_v \times Q^*)=0$

得，$Q^*=\dfrac{C_f}{p-C_v}$

2.边际贡献方程式

边际贡献是指销售收入与相应变动成本之间的差额，也称贡献边际。

边际贡献＝销售收入－变动成本

单位边际贡献是单位产品的销售价格减去产品的单位变动成本的差额。

边际贡献率是边际贡献在销售收入中所占的比率，反映了每1元销售收入所提供的边际贡献。

变动成本率是指变动成本在销售收入中所占的百分比。

边际贡献率＋变动成本率=1

利润＝边际贡献－固定成本

保本量＝固定成本/单位边际贡献

保本额＝固定成本/边际贡献率＝固定成本/（1–变动成本率）

例9–3　某集团本年销售量为20000件，固定成本为25000万元，利润为10000万元，预计下一年销售量为25000件（假设成本单价水平不变），预测下年利润额。

本年边际贡献＝利润＋固定成本=10000+25000=35000（万元）

单位边际贡献=35000/20000=1.75（万元/件）

下年预计边际贡献=1.75 × 25000=43750（万元）

预计下年利润=43750–25000=18750（万元）

（三）比例分析法

根据利润与有关指标之间的内在关系，对计划期的利润进行预测的一种方法。常用的相关比率主要有销售利润率、资金利润率、利润增长率等。

利润 = 预计销售收入 × 销售利润率

销售利润率一般以基期数为依据，并考虑到计划期有关变动因素加以确定，也可根据同行业的平均先进水平来确定。

利润 = 预计平均资金占用额 × 资金利润率

=（上年度实际占用资金总额 + 下年度增加投资总额）× 预计资金利润率

利润 = 上年度实际利润总额 ×（1+ 预计利润增长率）

利润增长率预测法是根据上年度已经达到的利润水平及近期若干年（通常为3年）利润增长率的变动趋势、幅度与影响利润的有关因素在下年度可能发生的变动情况，首先确定一个相应的预计利润增长率，然后确定下年度利润总额的方法。

五、利润计划的编制

利润计划是以利润预测为基础，根据有关生产经营计划和成本计划，所确定的计划期应实现的目标利润，以及增收节支、提高盈利能力的措施与安排。其主要内容包括以下三个方面。

①商品产品销售利润计划。

②利润总额计划。

③利润分配计划。

计划利润总额 = 商品产品计划销售收入 − 商品产品计划销售成本 − 商品产品计划销售税金 + 其他销售计划利润 ± 营业外收支计划净额

第三节　利润分配

实训目标

知识教学目标

了解利润分配政策及利润分配的原则

能力培养目标

培养学生通过企业利润分配知识分析问题的能力

思想教育目标

认识利润分配的重要性

案例引入

2021年3月30日晚，贵州茅台披露了2020年年报。年报显示，报告期内贵州茅台实现营业收入949.15亿元，同比增长11.10%；净利润466.97亿元，同比增长13.33%。年报同时推出了贵州茅台2020年利润分配方案，拟每10股派发现金红利192.93元（含税），累计派发现金红利为242.35亿元。

贵州茅台的业绩与高派现并不令人意外。虽然10%左右的增长幅度并不算高，但毕竟是在最近几年连续大幅增长之后实现的增长。任何一个企业都不可能始终保持高速增长的态势，在发展到一定程度之后出现蓄势是很正常的。

贵州茅台的高派现基本与业绩增长保持了同步。拟每10股派发现金红利192.93元（含税），较去年的每10股派发现金红利170.25元（含税）增长了13.32%，基本上与净利润的增长持平。这也使得贵州茅台的现金分红再创A股史上“最豪”派现纪录，每股派现金额和派现总金额均再创该公司历史新高。

请评价贵州茅台的高派现。

知识准备

一、利润分配的含义

企业根据法律、董事会决议等提请股东大会批准，对企业可供分配利润指定其特定用途，或分配给投资者的行为。包括企业按规定提取法定公积金和分配给投资者等。利润的分配顺序如图9–1所示。

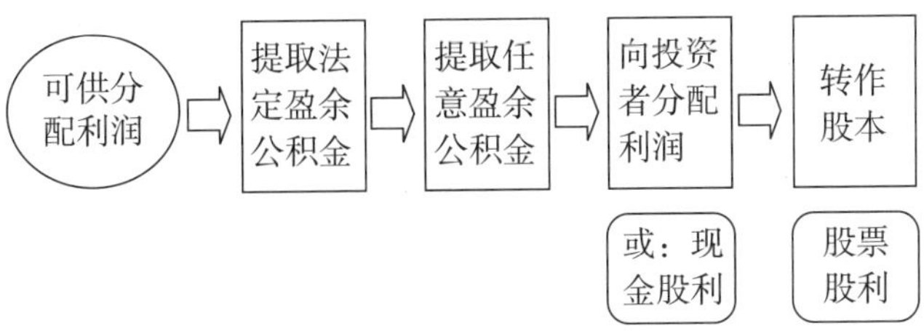

图9–1　利润分配顺序

因违法而被没收的财务损失，因违反税收征管法规而被税务部门处以滞纳金和罚款，只能由企业的税后利润承担，而不能在税前列支。

二、利润分配的制约因素

企业的利润分配涉及企业相关各方的切身利益，受众多不确定因素的影响，在确定分配政策时，应当考虑各种相关因素的影响，主要包括法律、公司、股东及其他因素。

（一）法律因素

影响利润分配的法律因素如表9-1所示。

表9-1　影响利润分配的法律因素

因素	具体说明
资本保全约束	不能用资本（包括实收资本或股本和资本公积）发放股利
资本积累约束	规定公司必须按照一定的比例和基数提取各种公积金，股利只能从企业的可供分配利润中支付
超额累积利润约束	如果公司为了避税而使得盈余的保留大大超过了公司目前及未来的投资需要时，将被加征额外的税款
偿债能力约束	要求公司考虑现金股利分配对偿债能力的影响，确定在分配后仍能保持较强的偿债能力，以维持公司的信誉和借贷能力，从而保证公司的正常资金周转

（二）公司因素

影响利润分配的公司因素如表9-2所示。

（三）股东因素

影响利润分配的股东因素如表9-3所示。

表9-2　影响利润分配的公司因素

因素	具体说明
现金流量	公司在进行利润分配时，要保证正常经营活动对现金的需求，以维持资金的正常周转，使生产经营得以有序进行
资产的流动性	资产流动性较低的公司往往支付较低的股利
盈余的稳定性	一般来讲，公司盈余越稳定，则其股利支付水平越高
投资机会	投资机会多——低股利；投资机会少——高股利

续　表

因素	具体说明
筹资因素	筹资能力强——高股利
其他因素	不同发展阶段、不同行业的公司股利支付比例会有差异

表 9–3　影响利润分配的股东因素

因素	具体说明
控制权	具有控制权的股东往往主张限制股利的支付，而愿意较多地保留盈余，以防止控制权旁落
稳定的收入	从稳定收入的角度考虑，靠股利维持生活的股东要求支付稳定的股利
避税	一般来讲，股利收入的税率要高于资本利得的税率，因此，很多股东出于税赋因素的考虑，偏好于低股利支付水平

（四）其他因素

影响利润分配的其他因素如表 9–4 所示。

表 9–4　影响利润分配的其他因素

因素	具体说明
债务契约	为了保证自己的利益不受侵害，债权人通常会在债券契约、租赁合同中加入关于借款公司股利政策条款，以限制公司股利的发放
通货膨胀	在通货膨胀时期，企业一般采用偏紧的利润分配政策。原因在于，出现通货膨胀之后，货币购买力下降，固定资产重置资金会出现缺口，为了弥补缺口，企业往往少发放现金股利

三、利润分配的原则

①制度约束原则。要按利润分配的法定顺序进行分配。

②坚持无盈不分。公司当年无盈利，原则上不得分配股利。

③发展有限原则。

④兼顾职工原则。

⑤收益与投资一致原则。

四、股利政策与企业价值

股利政策是指在法律允许的范围内，企业是否发放股利、发放多少股利以及何时发放股利的方针及对策。股利政策的最终目标是使公司价值最大化。

（一）股利分配理论

股权分配理论如图9–2所示。

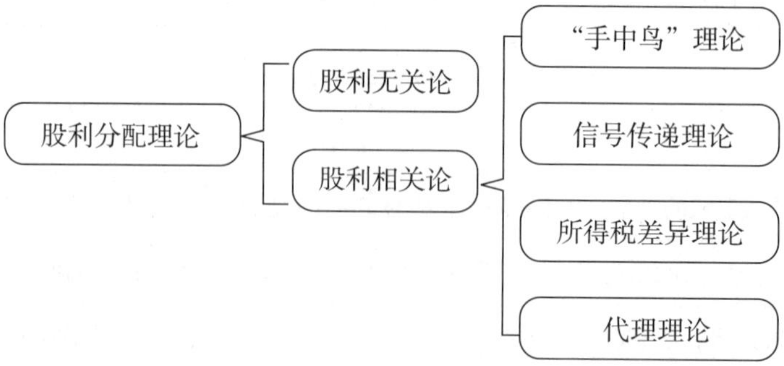

图9–2　股利分配理论

股利无关论如表9–5所示。

表9–5　股利无关论

股利无关论	股利无关论认为，在一定的假设条件限制下，股利政策不会对公司的价值或股票的价格产生任何影响，投资者不关心公司股利的分配。公司市场价值的高低，是由公司所选择的投资决策获利能力和风险组合决定的，而与公司的利润分配政策无关。 该理论是建立在完全资本市场理论之上的，假定条件如下： ①市场具有强式效率； ②不存在任何公司或个人所得税； ③不存在任何筹资费用； ④公司的投资决策与股利决策彼此独立； ⑤股东对股利收入和资本增值之间并无偏好

股利相关论如表9–6所示。

表9–6　股利相关论

股利相关论	"手中鸟"理论	该理论认为，公司的股利政策与公司的股票价格是密切相关的，即当公司支付较高的股利时，公司的股票价格会随之上升，公司价值将得到提高
	信号传递理论	该理论认为，在信息不对称的情况下，公司可以通过股利政策向市场传递有关公司未来盈利能力的信息，从而会影响公司的股价。 一般来讲，预期未来盈利能力强的公司往往愿意通过相对较高的股利支付水平，把自己同预期盈利能力差的公司区别开来，以吸引更多的投资者
	所得税差异理论	该理论认为，由于普遍存在的税率差异及纳税时间的差异，资本利得收益比股利收益更有助于实现收益最大化目标，企业应当采用低股利政策

续　表

股利相关论	代理理论	该理论认为，股利的支付能够有效地降低代理成本： ①股利的支付减少了管理者对自由现金流量的支配权，这在一定程度上可以抑制公司管理者过度投资或在职消费行为，从而保护外部投资者的利益； ②较多的现金股利发放，减少了内部融资，导致公司进入资本市场寻求外部融资，从而公司可以经常接受资本市场的有效监督，这样便可以通过资本市场的监督减少代理成本。 因此，高水平的股利支付政策有助于降低企业的代理成本，但同时也增加了企业的外部融资成本，所以，最优的股利政策应当使这两种成本之和最小

（二）股利政策

股利政策是由企业在不违反国家有关法律、法规的前提下，根据本企业具体情况制定的。股利政策既要保持相对稳定，又要符合公司财务目标和发展目标。在实际工作中，通常有以下几种股利政策可供选择。

1. 剩余股利政策

剩余股利政策如表9–7所示。

表9–7　　剩余股利政策

含义	是指公司在有良好投资机会时，根据目标资本结构，测算出投资所需的权益资本额，先从盈余中留用，然后将剩余的盈余作为股利发放
依据	股利无关论
步骤	①设定目标资本结构，在此结构下，公司的加权平均资本成本将达最低水平； ②确定公司的最佳资本预算，并根据公司的目标资本结构预计资金需求中所需增加的权益资本数额； ③最大限度地使用留存收益来满足资金需求中所需的权益资本数额； ④留存收益在满足公司权益资本增加后，若还有剩余再用来发放股利

例9–4　某公司2021年流通在外的普通股为1000万股，税后净利润为1000万元，2022年的投资计划需要资金1200万元，公司的目标资本结构为权益资本占60%，债务资本占40%。如果该公司采用剩余股利政策，要求计算2021年的股利总额和每股股利。

公司投资方案所需的权益资本数额：1200×60%=720（万元）

2021年可以发放的股利总额：1000–720=280（万元）

每股股利=280/1000=0.28（元/股）

剩余股利政策的优缺点如表9–8所示。

表 9-8　剩余股利政策的优缺点

评价	优点： 有利于降低再投资的资金成本，保持最佳的资本结构，实现企业价值的长期最大化。 缺点： ①若完全执行剩余股利政策，股利发放额就会每年随着投资机会和盈利水平的波动而波动； ②不利于投资者安排股利收入与支出，也不利于公司树立良好的形象
适用	一般适用于公司的初创阶段

2. 固定或稳定增长的股利政策

公司只有在确信未来盈余不会发生逆转时才会宣布实施固定或稳定增长股利政策。具体如表 9-9 所示。

表 9-9　固定或稳定增长的股利政策

含义	是指公司将每年派发的股利额固定在某一特定水平或是在此基础上维持某一固定比率逐年稳定增长
评价	优点： ①稳定的股利向市场传递出公司正常发展的信息，有利于树立公司的良好形象，增强投资者信心，稳定股票的价格； ②稳定的股利有利于投资者安排股利收入与支出，有利于吸引那些打算进行长期投资并对股利有很高依赖性的股东； ③为了将股利维持在稳定的水平上，即使推迟某些投资方案或暂时偏离目标资本结构，也可能比降低股利或股利增长率更为有利。 缺点： ①股利的支付与企业的盈利相脱节； ②在企业无利可分时，若依然实施该政策，是违反《中华人民共和国公司法》的行为
适用	通常适用于经营比较稳定或正处于成长期的企业，且很难被长期使用

3. 固定股利支付率政策

固定股利支付率政策是指公司将每年净利润的某一固定百分比作为股利分派给股东。这一百分比通常称为股利支付率，股利支付率一经确定，一般不得随意变更。它的优缺点如下。

①优点：

a. 股利与公司盈余紧密结合，体现了“多盈多分、少盈少分、无盈不分”的股利分配原则；

b. 公司每年按固定的比例从税后利润中支付现金股利，从企业支付能力的角度看，这是一种稳定的股利政策。

② 缺点：

a.波动的股利很容易给投资者带来经营状况不稳定、投资风险较大的不良印象，成为影响股价的不利因素；

b.容易使公司面临较大的财务压力。因为公司实现的盈利多，并不代表公司有充足的现金流用来支付较多的股利；

c.合适的固定股利支付率确定难度大。

例9-5 某公司长期以来用固定股利支付率政策进行股利分配，确定的股利支付率为30%。2012年税后净利润为1500万元，如果仍然继续执行固定股利支付率政策，公司本年度将要支付的股利为：

1500×30%=450（万元）

但公司下一年度有较大的投资需求，因此，准备本年度采用剩余股利政策。如果公司下一年度的投资预算为2000万元，目标资本结构为权益资本占60%。则可以发放的股利是多少?

按照目标资本结构的要求，公司投资方案所需的权益资本额：2000×60%=1200（万元）

公司2012年度可以发放的股利：1500-1200=300（万元）

4.低正常股利加额外股利政策

企业事先设定一个较低的正常股利额，每年除了按正常股利额向股东发放现金股利，还在企业盈余较多、资金较为充裕的年份向股东发放额外股利。它的优缺点如下。

①优点：

a.赋予公司较大的灵活性，使公司在股利发放上留有余地，并具有较大的财务弹性。公司可根据每年的具体情况，选择不同的股利发放水平，以稳定和提高股价，进而实现公司价值的最大化。

b.使那些依靠股利度日的股东每年至少可以得到虽然较低但比较稳定的股利收入，从而吸引住这部分股东。

②缺点：

a.由于各年度之间公司盈利的波动使得额外股利不断变化，造成分派的股利不同，容易给投资者造成收益不稳定的感觉。

b.当公司在较长时期持续发放额外股利后，可能会被股东误认为是“正常股利”，一旦取消，传递出去的信号可能会使股东认为这是公司财务状况恶化的表现，进而导致股价下跌。

注：对那些盈利随着经济周期而波动较大的公司或者公司盈利与现金流量很不稳

定时，低正常股利加额外股利政策也许是一种不错的选择。

例9-6 某公司成立于2020年1月1日，2020年实现的净利润为1000万元，分配现金股利550万元，提取盈余公积450万元（所提盈余公积均已指定用途）。2021年实现的净利润为900万元（不考虑计提法定盈余公积的因素）。2022年计划增加投资，所需资金为700万元。假定公司目标资本结构为自有资金占60%，借入资金占40%。

要求：（1）在保持目标资本结构的前提下，计算2022年投资方案所需的自有资金额和需要从外部借入的资金额。

（2）在保持目标资本结构的前提下，如果公司执行剩余股利政策。计算2021年应分配的现金股利。

（3）在不考虑目标资本结构的前提下，如果公司执行固定股利政策，计算2021年应分配的现金股利、可用于2022年投资的留存收益和需要从外部筹集的资金额。

（4）在不考虑目标资本结构的前提下，如果公司执行固定股利支付率政策，计算该公司的股利支付率和2021年应分配的现金股利。

（5）假定公司2022年面临着从外部筹资的困难，只能从内部筹资，不考虑目标资本结构，计算在此情况下2021年应分配的现金股利。

答案：（1）2022年投资方案所需的自有资金额=700×60%=420（万元）

2022年投资方案需要从外部借入的资金额=700×40%=280（万元）

（2）2021年应分配的现金股利=净利润-2022年投资方案所需的自有资金额

=900-420=480（万元）

（3）2021年应分配的现金股利=上年分配的现金股利=550（万元）

可用于2022年投资的留存收益=900-550=350（万元）

2022年投资需要从外部筹集的资金额=700-350=350（万元）

（4）该公司的股利支付率=550/1000×100%=55%

2021年应分配的现金股利=55%×900=495（万元）

（5）因为公司只能从内部筹资，所以2022年的投资需要从2021年的净利润中留存700万元，2021年应分配的现金股利=900-700=200（万元）。

五、股利支付形式与程序

（一）股利支付形式

股利支付方式如表9-10所示。

表9-10 股利支付方式

现金股利	以现金支付的股利，它是股利支付的最常见方式
财产股利	以现金以外的其他资产支付的股利，主要是以公司所拥有的其他公司的有价证券，如债券、股票等，作为股利支付给股东
负债股利	以负债方式支付的股利，通常以公司的应付票据支付给股东，有时也以发放公司债券的方式支付股利
股票股利	公司以增发股票的方式所支付的股利

（二）股票股利

1.股票股利的影响

股票股利对公司来说，并没有现金流出企业，也不会导致公司的财产减少，而只是将公司的留存收益转化为股本。但股票股利会增加流通在外的股票数量，同时降低股票的每股价值。它不会改变公司股东权益总额，但会改变股东权益的构成。股票股利的影响如图9-3所示。

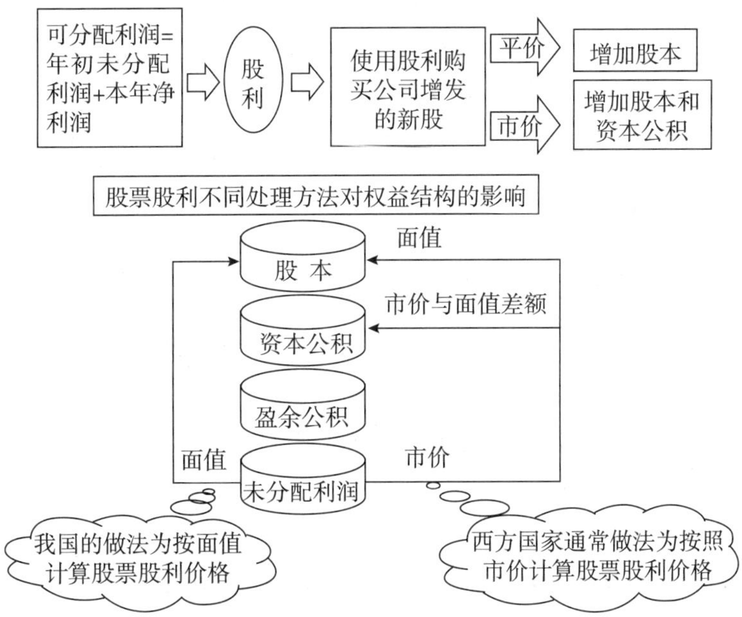

图9-3 股票股利的影响

例9-7 某上市公司在2012年发放股票股利前其资产负债表上的股东权益账户情况如表9-11所示。

表 9-11　　股票股利发放前股东权益账户情况　　单位：万元

项目	金额
普通股（面值1元，发行在外2000万股）	2000
资本公积	3000
盈余公积	2000
未分配利润	3000
股东权益合计	10000

假设该公司宣布发放10%的股票股利，现有股东每持有10股即可获赠1股普通股。

若该股票当时市价为5元，那么随着股票股利的发放，需从“未分配利润”项目划转出的资金：2000×10%×5=1000（万元）

由于股票面值（1元）不变，发放200万股，“普通股”科目只应增加200万元，其余的800万元（1000–200）应作为股票溢价转至“资本公积”科目，而公司的股东权益总额并未发生改变，仍是10000万元，股票股利发放后的资产负债表上的股东权益部分如表9–12所示。

表 9-12　　股票股利发放后股东权益账户情况　　单位：万元

项目	金额
普通股（面值1元，发行在外2200万股）	2000+200
资本公积	3000+800
盈余公积	2000
未分配利润	2000
股东权益合计	10000

假设一位股东派发股票股利之前持有公司10万股普通股，那么，他所拥有的股权比例：10万股/2000万股=0.5%

派发股利之后，他所拥有的股票数量和股份比例：

10×（1+10%）=11（万股）

11万股/2200万股=0.5%

可见，发放股票股利，不会对公司股东权益总额产生影响，但会引起资金在不同股东权益项目间的再分配。而股票股利派发前后每一位股东的持股比例也不会发生变化。

2. 发放股票股利的优点

发放股票股利的优点如表9–13所示。

表 9–13　　发放股票股利的优点

股东角度	①有时股价并不成比例下降，可使股票价值相对上升； ②由于股利收入和资本利得税率的差异，如果股东把股票股利出售，还会给他带来资本利得纳税上的好处
公司角度	①不需要向股东支付现金，在再投资机会较多的情况下，公司就可以为再投资提供成本较低的资金，从而有利于公司的发展； ②可以降低公司股票的市场价格，既有利于促进股票的交易和流通，又有利于吸引更多的投资者成为公司股东，进而使股权更为分散，有效地防止公司被恶意控制； ③可以传递公司未来发展良好的信息，从而增强投资者的信心，在一定程度上稳定股票价格

（三）股利支付程序

公司股利的发放必须遵守相关的要求，按照日程安排来进行。具体如表 9–14 所示。

表 9–14　　股利支付程序

股利宣告日	董事会将股利支付情况予以公告的日期
股权登记日	有权领取本期股利的股东资格登记截止日期。 在这一天之后取得股票的股东则无权领取本次分派的股利
除息日	领取股利的权利与股票分离的日期。 在除息日之前购买的股票才能领取本次股利，而在除息日当天或是以后购买的股票，则不能领取本次股利
股利发放日	向股权登记日在册的股东实际支付股利的日期

例 9–8　在股利支付程序中，除息日是指领取股利的权利与股票分离的日期，在除息日购买股票的股东有权参与当次股利的分配。（　　）

答案：×。在除息日之前购买的股票才能领取本次股利，而在除息日当天或是以后购买的股票，则不能领取本次股利，所以本题表述错误。

六、股票分割和股票回购

（一）股票分割

又称拆股，即将一股股票拆分成多股股票的行为。股票分割的影响包括股数增加，面值降低，每股市价降低，每股收益降低；资产总额、负债总额、所有者权益总额不变，所有者权益的内部结构不变，股东持股比例不变。它向市场和投资者传递“公司发展前景良好”的信号，有助于提高投资者对公司股票的信心。

反分割又称股票合并或逆向分割，是指将多股股票合并为一股股票的行为。反分割显然会降低股票的流通性，提高公司股票投资的门槛，它向市场传递的信息通常都是不利的。

例9–9 某上市公司2012年年末资产负债表上的股东权益账户情况如表9–15所示。

表9–15 **股东权益账户情况** 单位：万元

普通股（面值10元，发行在外1000万股）	10000
资本公积	10000
盈余公积	5000
未分配利润	8000
股东权益合计	33000

要求：（1）假设股票市价为20元，该公司宣布发放10%的股票股利，即现有股东每持有10股即可获赠1股普通股。发放股票股利后，股东权益有何变化？每股净资产是多少？

（2）假设该公司按照1∶2的比例进行股票分割。股票分割后，股东权益有何变化？每股净资产是多少？

答案：（1）发放股票股利后股东权益情况如表9–16所示。

表9–16 **发放股票股利后股东权益情况** 单位：万元

普通股（面值10元，发行在外1100万股）	11000
资本公积	11000
盈余公积	5000
未分配利润	6000
股东权益合计	33000

每股净资产=33000/（1000+100）=30（元/股）

（2）股票分割后股东权益情况如表9–17所示。

表9–17 **股票分割后股东权益情况** 单位：万元

普通股（面值5元，发行在外2000万股）	10000
资本公积	10000
盈余公积	5000
未分配利润	8000

续　表

股东权益合计	33000

每股净资产=33000/（1000×2）=16.5（元/股）

（二）股票回购

股票回购，是指上市公司出资将其发行在外的股票以一定价格购买回来予以注销或作为库存股的一种资本运作方式。公司不得随意收购本公司的股份，只有满足相关法律规定的情形才允许股票回购。股票回购方式如表9–18所示。

表9–18　股票回购方式

方式	①公开市场回购：公司在股票的公开交易市场上以当前市场价格回购股票。 ②要约回购：公司在特定期间向市场发出的以高出股票当前市场价格的某一价格，回购既定数量股票的要约。 ③协议回购：公司以协议价格直接向一个或几个主要股东回购股票

在证券市场上股票回购的动机及影响如表9–19所示。

表9–19　股票回购的动机及影响

动机	①现金股利的替代。 ②改变公司的资本结构（提高公司的财务杠杆水平）。 ③传递公司信息（一般情况下，投资者会认为股票回购意味着公司认为其股票价值被低估而采取的应对措施）。 ④基于控制权的考虑。回购——巩固控制权
影响	①股票回购需要大量资金支付回购的成本，容易造成资金紧张，资产流动性降低，影响公司的后续发展。 ②公司进行股票回购，无异于股东退股和公司资本的减少，可能会使公司的发起人股东更注重创业利润的实现，从而不仅在一定程度上削弱了对债权人利益的保护，而且往往会忽视公司的长远发展，损害了公司的根本利益。 ③股票回购容易导致公司操纵股价。公司回购自己的股票，容易导致其利用内幕消息进行炒作，加剧公司行为的非规范化，损害投资者的利益

七、股权激励

股权激励是一种通过公司经营者获得公司股权的形式给予公司经营者一定的经济权利，使他们能够以股东的身份参与企业决策、分享利润、承担风险，从而勤勉尽责地为公司的长期发展服务的一种激励方法。股权激励模式如图9–4所示。

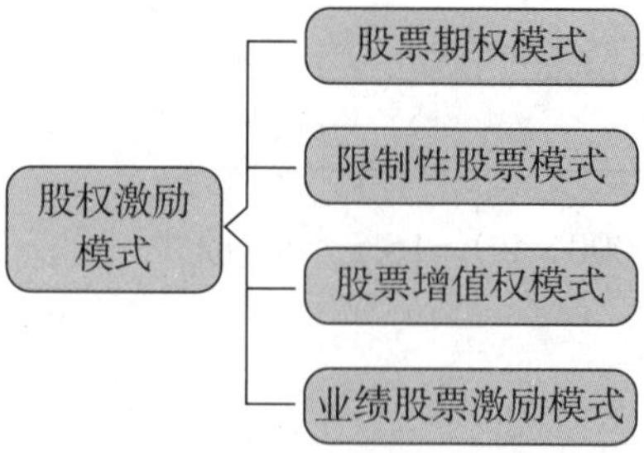

图 9-4　股权激励模式

1. 股票期权模式

股票期权模式的含义及适用情形如表 9-20 所示。

表 9-20　　股票期权模式的含义及适用情形

含义	股票期权模式是指股份公司赋予激励对象（如经理人员）在未来某一特定日期内以特定价格购买一定数量的公司股份的选择权
适用情形	股票期权模式比较适合那些初始资本投入较少，资本增值较快，处于成长初期或扩张期的企业，如网络、高科技等风险较高的企业

2. 限制性股票模式

限制性股票模式的含义及适用情形如表 9-21 所示。

表 9-21　　限制性股票模式的含义及适用情形

含义	是指公司为了实现某一特定目标，先将一定数量的股票赠与或以较低价格授予激励对象。只有当激励对象实现预定目标后才可将限制性股票抛售并从中获利；若预定目标没有实现，公司有权将赠与的限制性股票收回或者将售出股票以激励对象购买时的价格回购
适用情形	对于处于成熟期的企业，由于其股价的上涨空间有限，因此采用限制性股票模式较为合适

3. 股票增值权模式

股票增值权模式激励对象不用为行权支付现金，行权后由公司支付现金、股票或股票与现金的组合。股票增值权模式的含义及适用情形如表 9-22 所示。

表 9-22　　股票增值权模式的含义及适用情形

含义	股票增值权模式是指公司授予经营者一种权利，如果经营者努力经营企业，在规定的期限内，公司股票价格上升或公司业绩上升，经营者就可以按一定比例获得这种由股价上扬或业绩提升所带来的收益，收益为行权价与行权日二级市场股价之间的差价或净资产的增值额
适用情形	股票增值权激励模式较适合现金流量比较充裕且比较稳定的上市公司和现金流量比较充裕的非上市公司

4. 业绩股票激励模式

业绩股票激励模式是根据被激励者完成业绩目标的情况，以普通股作为长期激励形式支付给经营者的激励机制。其含义和适用情形如表9-23所示。

表9-23　　业绩股票激励模式的含义及适用情形

含义	业绩股票激励模式指公司在年初确定一个合理的年度业绩目标，如果激励对象经过大量努力后，在年末实现了公司预定的年度业绩目标，则公司给予激励对象一定数量的股票，或奖励其一定数量的奖金来购买本公司的股票。业绩股票在锁定一定年限以后才可以兑现
适用情形	业绩股票激励模式只对公司的业绩目标进行考核，不要求股价的上涨，因此，比较适合于业绩稳定型的上市公司及其集团公司、子公司

章节知识演练

1.（计算题）华联公司2008年取得主营业务收入5000万元，其他业务收入1800万元，投资净收益700万元，营业外收入250万元；发生主营业务成本3500万元，其他业务成本1400万元，营业税金及附加60万元，销售费用380万元，管理费用340万元，财务费用120万元，资产减值损失150万元，公允价值变动净损失100万元，营业外支出200万元；本年度确认的所得税费用为520万元。计算华联公司的营业利润、利润总额和净利润。

扫码查答案

2.（计算题）某工程方案设计生产能力12万吨／年，单位产品售价（不含税）510元／吨，总固定成本 1500万元，单位变动成本为250元／吨，并与产量呈正比例关系，求以产量、价格表示的盈亏平衡点。

3.（多选题）下列各项中可用于进行利润预测的是（　　）。

A. 本量利分析法

B. 盈亏平衡点法

C. 销售百分比法

D. 因素分析法

4.（计算题）某投资中心2000年的计划投资总额为1250000元，销售收入为625000元，成本费用总额为375000元，利润总额为250000元。而2000年实际完成的投资额为1500000元，实际实现的销售收入为780000元，实际发生的费用为507000元，实现的利润总额为273000元。

要求：

（1）2000年的计划和实际资本周转率、销售成本率、成本费用利润率、投资利润率（资本周转率=销售收入/投资总额、销售成本率=成本费用/销售收入、成本费用利润率=利润总额/成本费用、投资利润率=利润总额/投资总额）。

（2）用因素替代法分析计算由于资本周转率、销售成本率、成本费用利润率的变动对投资利润率的影响。

5.（单选题）股利的支付可减少管理层可支配的自由现金流量，在一定程度上抑制管理层的过度投资或在职消费行为。这种观点体现的股利理论是（　　）。

A.股利无关理论

B.信号传递理论

C.“手中鸟”理论

D.代理理论

6.（单选题）下列关于股利理论的说法不正确的是（　　）。

A.股利无关论是建立在完全市场理论之上的，其假设之一是不存在任何公司或个人所得税

B.“手中鸟”理论认为投资者更喜欢现金股利，而不愿意将收益留存在公司内部

C.信号传递理论认为在信息对称的情况下，公司可以通过股利政策向市场传递有关公司未来盈利能力的信息，从而会影响公司的股价

D.所得税差异理论认为企业应当采用低股利政策

7.（单选题）某企业在选择股利政策时，以代理成本和外部融资成本之和最小化为标准。该企业所依据的股利理论是（　　）。

A.“手中鸟”理论

B. 信号传递理论

C. MM理论

D. 代理理论

8.（单选题）下列股利政策中，根据股利无关论制定的是（　　）。

A.剩余股利政策

B.固定股利支付率政策

C.稳定增长股利政策

D.低正常股利加额外股利政策

9.（单选题）某公司20×1年税后净利润为2000万元，20×2年投资计划需要资金2200万元。如果该公司采用剩余股利政策，20×2年发放的股利为680万元，则该公司目标资本结构中权益资本所占的比例为（　　）。

A.40%

B.50%

C.60%

D.68%

10.（多选题）下列各项股利政策中，股利水平与当期盈利直接关联的有（　　）。

A.固定股利政策

B.稳定增长股利政策

C.固定股利支付率政策

D.低正常股利加额外股利政策

11.（单选题）下列各项政策中，最能体现“多盈多分、少盈少分、无盈不分”股利分配原则的是（　　）。

A.剩余股利政策

B.低正常股利加额外股利政策

C.固定股利支付率政策

D.固定或稳定增长的股利政策

12.（单选题）已知某公司20×1年年初未分配利润和20×1年净利润均为正，但该公司20×1年却没有支付股利，则该公司采用的股利政策是（　　）。

A.剩余股利政策

B.固定或稳定增长的股利政策

C.固定股利支付率政策

D.低正常股利加额外股利政策

13.（多选题）处于初创阶段的公司，一般不宜采用的股利分配政策有（　　）。

A.固定股利政策

B.剩余股利政策

C.固定股利支付率政策

D.稳定增长股利政策

14.（单选题）某公司近年来经营业务不断拓展，目前处于成长阶段，预计现有的生产经营能力能够满足未来10年稳定增长的需要，公司希望其股利与公司盈余紧密配合。基于以上条件，最为适宜该公司的股利政策是（　　）。

A.剩余股利政策

B.固定股利政策

C.固定股利支付率政策

D.低正常股利加额外股利政策

15.（多选题）按照资本保全约束的要求，企业发放股利所需资金的来源包括（　　）。

A.当期利润

B. 留存收益

C. 原始投资

D. 股本

16.（判断题）从理论上说，债权人不得干预企业的资金投向和股利分配方案。（　　）

17.（单选题）在确定企业的收益分配政策时，应当考虑相关因素的影响，其中“资本保全约束”属于（　　）。

A. 股东因素

B. 公司因素

C. 法律因素

D. 债务契约因素

18.（单选题）下列关于股利分配政策的表述中，正确的是（　　）。

A. 公司盈余的稳定程度与股利支付水平负相关

B. 偿债能力弱的公司一般不应采用高现金股利政策

C. 基于控制权的考虑，股东会倾向于较高的股利支付水平

D. 债权人不会影响公司的股利分配政策

19.（单选题）如果上市公司以其应付票据作为股利支付给股东，则这种股利称为（　　）。

A. 现金股利

B. 股票股利

C. 财产股利

D. 负债股利

20.（多选题）下列关于发放股票股利的表述中，正确的有（　　）。

A. 不会导致公司现金流出

B. 会增加公司流通在外的股票数量

C. 会改变公司股东权益的内部结构

D. 会对公司股东权益总额产生影响

参考文献

[1] 荆新，王化成，刘俊彦.财务管理学[M]. 8版.北京：中国人民大学出版社，2018.

[2] 韩树旺.财务主管实务全书[M].北京：航空工业出版社，2001.